Hexen und Hexenverfolgung in Thüringen

Hexen und Hexenverfolgung in Thüringen

Ronald Füssel

Abbildung Titelseite: Deckblatt der Akte zu einem Hexenprozess im Jahre 1674, in: Thüringisches Staatsarchiv Gotha, Amtsgericht Ohrdruf, Locat A, Nr. 4.

Landeszentrale für politische Bildung Thüringen
Bergstraße 4, 99092 Erfurt, www.thueringen.de/de/lzt

Herstellung: Druck- und Verlagshaus Frisch
2001

ISBN 3-931426-53-X

Inhalt

Vorwort

Wie wohl nur wenige andere Begriffe aus unserer Geschichte sind die der Hexen bzw. Hexenverfolgung von unterschiedlichen Assoziationen, Klischees und Vorstellungen belegt, ja überlagert. Kaum jemand, der noch nie etwas von Hexen gehört hat und nicht eine gewisse, zumeist schon recht feste Vorstellung mitbringt, was es damit auf sich habe (bzw. hatte). Die einen denken dabei an die Verfolgung sog. „weiser Frauen“, anderen kommt die Märchenhexe der Gebrüder Grimm in den Sinn - das Spektrum ist weit. Und obwohl (oder vielleicht gerade weil?) der Büchermarkt von einer Vielzahl an Publikationen zum Thema geradezu überschwemmt wird, haben diese Vorstellungen und Klischees mit den historisch gesicherten Erkenntnissen aber oft nur recht wenig gemein.

Denn weit verbreitet ist z.B. immer noch die Meinung, dass Hexenverfolgungen im „finsteren Mittelalter“ stattfanden, dass nur Frauen - meist alte, gebrechliche Witwen, die über umfangreiches Heilwissen verfügten - verfolgt wurden und dass man alle Verdächtigen nach grausamer Folter ausnahmslos verbrannt hat. Doch diese Klischees sind - auch wenn man sie noch so oft gedruckt findet - nicht richtig. Die Zeit der Hexenverfolgungen war die Neuzeit, d.h. die Zeit nach 1500. Zwar wurden in der Mehrzahl Frauen verfolgt, aber zu gut 20 Prozent eben auch Männer. Und trotz grausamer Folter und vieler Todesurteile wurden zahlreiche Verdächtige auch wieder freigelassen oder des Landes verwiesen, kamen also mit dem Leben davon.

Einige Leser mögen dies wissen, anderen ist es vermutlich neu. An letztere wendet sich dieser Text. Er ist nicht für den Fachmann bzw. die Fachfrau geschrieben. Wer mehr Details sucht, findet sie in meiner Dissertation zum gleichen Thema, die natürlich auch einen wissenschaftlichen Anmerkungsapparat enthält. Auf den wurde hier, außer bei Quellenangaben, ebenso verzichtet wie auf zahlreiche Fremdwörter und Fachbegriffe. Kommen im Text doch Fachbegriffe vor, so ließen sie sich meiner Meinung nach nicht oder nur schlecht ersetzen und wurden (hoffentlich verständlich) erklärt.

Viele Worte und Begriffe gehören aber einfach zum Thema und vor allem in die Zeit. Wo es sich anbot, wurde der Text mit Quellenbeispielen illustriert, da sie uns so nahe an das damalige Geschehen heranführen, wie heute nur möglich. Alle Quellen werden genau so wiedergegeben, wie es dem Original entspricht. Das liest sich zwar zunächst etwas holprig und ungewohnt, ist aber authentisch und lässt ein (Sprach-)Gefühl für die damalige Zeit entstehen, das mit einer angepassten, modernisierten Schreibweise so nicht zu erreichen wäre.

Um die Geschichte der „Hexen und Hexenverfolgung in Thüringen" möglichst verständlich vorstellen zu können und einige typische Missverständnisse gar nicht erst aufkommen zu lassen, möchte ich zunächst mit einer allgemeinen Einführung in das Thema beginnen. Mit etwas Vorwissen über die Entwicklung des Hexereibegriffes und die Zeit der Hexen und Hexenverfolgungen in Deutschland lassen sich danach die besonderen Geschehnisse in Thüringen weit besser verstehen.

1. Einführung

1.1. Die Entwicklung der Hexereivorstellung in Europa

Im Gegensatz zu anderen Verbrechen, wie etwa Mord, Diebstahl oder Brandstiftung, von denen sich die Menschheit seit jeher bedroht fühlt und sie daher auch ahndet, ist Hexerei ein theoretisch konstruiertes Verbrechen. Es wurde in Europa nur zu einer ganz bestimmten Zeit als ernsthafte Gefahr empfunden und mit der Todesstrafe verfolgt (Die heute noch außerhalb Europas - vor allem in Afrika - anzutreffenden Hexereivorstellungen stehen in einem anderen Kontext und sollen hier nicht thematisiert werden.). Der für die Hexenverfolgungen maßgebliche Hexereibegriff, der sich bis ca. 1430 vollständig ausgebildet hatte, setzt sich aus mehreren Elementen zusammen. Darum wird das Verbrechen der Hexerei auch als „Kumulativdelikt" bezeichnet.

Ein wesentlicher Entwicklungsstrang des Hexereibegriffes ist der uralte und traditionelle Zauberglaube. Vorstellungen von Zauberern, nachtfahrenden Gestalten, einem Heer der Totengeister sowie den Glauben an volksmagische Praktiken gab es zu allen Zeiten und in fast allen Kulturen - vielerorts gibt es sie noch heute. Spätestens seit der Antike glaubte man auch in Mitteleuropa an die Wirkung von positiver wie negativer Magie und praktizierte sie auch. Mit Wahrsagen, Erntesegen und Heilzauber suchte man sich den Alltag zu erleichtern, von Krankheits- und Wetterzauber sah man ihn bedroht.

Der um 906 entstandene „Canon Episcopi“, eine Regino von Prüm zugeschriebene theologische Schrift, nennt zahlreiche dieser magischen Formen. Der Verfasser schildert u.a. auch die Nachtfahrt von Frauen, die durch die Luft zur Göttin Diana fahren, als ein vom Teufel erzeugtes Trugbild, also als eine Wahnvorstellung, die in der Realität nicht möglich sei. Entsprechend wurden im Frühen und Hohen Mittelalter viele dieser überlieferten Vorstellungen und Praktiken von der Kirche als Überreste heidnischen Aberglaubens abgetan und als Irrglauben lediglich mit einer Buße, schlimmstenfalls mit dem Ausschluss aus der Gemeinde bestraft.

Diese Einstellung der Kirche änderte sich im 13. Jahrhundert, als der einflussreiche Scholastiker Thomas v. Aquin (1225-1274), ein Dominikaner, auf die Dämonenlehre des Kirchenvaters Augustinus (354-430) zurückgriff und in seiner systematischen Dämonologie Zauberei mit Hilfe von Dämonen bzw. des Teufels tatsächlich für möglich erklärte. Für die Entwicklung des Hexereibegriffes im 14./15. Jahrhundert war dieser Gedanke grundlegend.

Ein anderer wesentlicher Entwicklungsstrang des Hexereibegriffes kommt aus dem Ketzerwesen. Vom Balkan, Oberitalien und Südfrankreich ausgehend, konnten sich seit dem 12./13. Jahrhundert in Europa neue religiöse Bewegungen, sog. „häretische Gruppen“ ausbreiten. Nach einer ihrer Gemeinschaften, den Katharern, wurden sie bald allgemein „Ketzer“ genannt; sie selbst nannten sich „die Reinen“.

Die Mitglieder dieser Gruppen (Katharer, Waldenser, Albigenser) hatten sich enttäuscht von der päpstlichen Kirche abgewandt. Ihrer Meinung nach war die Amtskirche von allen weltlichen Lastern durchsetzt und mit der Lehre Christi nicht mehr vereinbar - und damit hatten sie (zumindest zum Teil) durchaus recht. Sie predigten daher die Botschaft des Evangeliums, die Rückkehr zu den Wurzeln des Christentums und betonten dabei vor allem Armut und Askese. Auf ihren Wanderpredigten sammelten die Ketzer zahlreiche Anhänger - nicht nur unter der armen Bevölkerung. Auch im Adel fanden sie starken Rückhalt, und in Südfrankreich künden noch heute viele einst mächtige Burgen der Waldenser und Albigenser von dieser ereignisreichen Zeit (z.B. Albigenserkriege 1209-1229).

Doch die päpstliche Kirche beanspruchte die Vertretung und Auslegung der christlichen Lehre allein für sich. Zudem sah die Amtskirche von diesen Bewegungen ihre reichen materiellen Pfründe bedroht. Sie musste reagieren. Der Klerus beschuldigte daher die Ketzer der Häresie (Abweichung von der christlichen Lehre) und der Apostasie (Abfall von Gott); neben ihrer vermeintlichen Verschwörung gegen Gott und einem auf Geheimversammlungen praktizierten Teufelskult sagte man ihnen u.a. sexuelle Ausschweifungen und Kindsmord nach.

Da auch viele Geistliche die Missstände in ihrer Kirche erkannt hatten und sich von den sog. „ketzerischen Lehren“ angesprochen fühlten, sah sich Rom gezwungen, auch in den eigenen Reihen nach Abweichlern zu fahnden. Nach ersten Anfängen unter Papst Innozenz III. (Ende des 12. Jahrhunderts) etablierte Gregor IX. im Jahre 1231 eine zentrale Behörde zur Untersuchung dieser für Rom so gefährlichen Umtriebe: Die Inquisition.

Träger der Inquisition (inquirieren = untersuchen) war vor allem der kurz zuvor gegründete Bettelorden der Dominikaner, der - zusammen mit den Franziskanern - als Antwort der Kirche auf die populäre Armutsbewegung der Ketzer zu verstehen ist. Besonders im südlichen Europa (Italien, Frankreich, Spanien) verbreitete die Inquisition als wirksame Waffe gegen alle vermeintlichen Abweichler vom rechten Glauben Angst und Schrecken. Sie wurde u.a. zwischen 1307 und 1312 eingesetzt, den bis dahin hoch angesehenen und reichen Templerorden zu vernichten, um an dessen enormes Vermögen zu gelangen. In unseren Breiten ist vor allem Konrad von Marburg, der 1233 erschlagene Beichtvater der (seit 1234 Heiligen) Elisabeth (1207-1231), als eifriger und gefürchteter Inquisitor bekannt.

Da die kirchliche Inquisition bei ihren „Untersuchungen“ kein Blut vergießen durfte, war eine wirksame Verfolgung der Ketzer nur mit Hilfe der staatlichen Macht möglich. Und die blieb nicht aus. 1238 erließ Kaiser Friedrich II. für alle überführten Ketzer die Todesstrafe des Verbrennens, und ab 1252 wurde bei der Inquisition auch der Einsatz der Folter gebilligt.

Die Maßnahmen waren konsequent und erfolgreich, sodass im 14. Jahrhundert die meisten häretischen Gruppen verschwunden waren. Nur in Italien konnten sich Reste der lombardischen Waldenser halten und im 19. Jahrhundert sogar eine starke Erneuerung erleben.

Damit sind die beiden wichtigsten Entwicklungsstränge des Hexereibegriffes genannt. Im Späten Mittelalter wurden A) der traditionelle Glaube an Zauberei und volksmagische Praktiken und B) das Ketzerwesen (daraus vor allem die Vorstellung einer Sekte, die sich mit dem Teufel verbunden hat) auf Basis der scholastischen Theologie (u.a. Thomas von Aquin) gedanklich zusammengeführt und miteinander zum „crimen magiae", zum Hexereiverbrechen, verbunden. Ergebnis dieser folgenreichen Kopfgeburt war eine ganz neue (Ketzer-)Sekte, deren angebliche Mitglieder durch einen Bund mit dem Teufel die Kraft zum Schadenzauber erhalten hatten: Die Sekte der Hexen.

Es ist daher auch nicht verwunderlich, dass die ersten Hexenverfolgungen im 15. Jahrhundert in den Regionen mit ehemals starken Ketzerverfolgungen stattfanden (Oberitalien, Südfrankreich, Savoyen, Westschweiz). Sozusagen als eine Vorstufe des Hexereiverbrechens können einzelne Ketzerprozesse des 14. Jahrhunderts gesehen werden, in denen u.a. bereits der Vorwurf des Schadenzaubers erhoben wurde.

Der Begriff „Hexerey" findet sich aber erstmals im Jahre 1419 in einer Akte aus dem Schweizer Luzern, und eine Chronik des gleichen Ortes spricht um 1450 von *„ketzerey der Hexssen und der zubrern"*. Aus dem 1435 entstandenen „Formicarius", einem dämonologischen Traktat des Johannes Nider (1380-1438), erfahren wir, dass dieses Verbrechen wohl schon vor 1400 im Berner Oberland aufgetaucht sei. Frühere Nachrichten über das Hexereidelikt liegen bisher nicht vor.

Natürlich gibt es wesentlich ältere Berichte über die Verbrennung einzelner Personen oder ganzer Gruppen, doch dabei kann es sich nur um (Schaden-)Zauberer oder Ketzer, vielleicht auch um Brandstifter oder andere „gewöhnliche“ Verbrecher gehandelt haben, für die regulär die Strafe des Feuers vorgesehen war, aber nicht um Hexen.

Im „Malleus maleficarum“, dem berüchtigten „Hexenhammer“ des Dominikaners Heinrich Kramer, wurden 1487 die verschiedenen Elemente des Hexereibegriffs erstmals systematisch zusammengefasst und in einem regelrechten „Handbuch der Hexenverfolgung“ veröffentlicht. Neu war in diesem Werk nur die konsequente Ausrichtung der Hexenlehre auf das weibliche Geschlecht, die es in diesem Maße vorher nicht gab. Kramer führt darin vor allem aus, dass es tatsächlich Hexen gibt und was diese anstellen, wie man sie erkennt und wie man mit ihnen - etwa beim Verhör - umgehen soll.

Der im Hexenhammer vorgestellte „elaborierte Hexereibegriff“ (elaboriert = voll ausgebildet), wie er seit etwa 1430 angenommen werden kann, wird durch vier wesentliche Elemente bestimmt:

- Teufelsbund (Die Hexen schließen einen Bund, einen Pakt mit dem Teufel und verschwören sich damit automatisch gegen Gott.)

- Teufelsbuhlschaft (Die Hexen besiegeln diesen Pakt durch einen Geschlechtsakt mit dem Teufel, ihrem Buhlen.)

- Hexensabbat (Die Hexen fliegen zum Hexentanz an einen bestimmten Ort, etwa den Blocksberg, den Hörselberg etc. und huldigen dort in einer orgiastischen Versammlung gemeinsam ihrem Meister, dem Teufel.)

- Schadenzauber (Die Hexen richten durch einen Zauber in Teufels Namen Schaden an Mensch und Vieh an.)

Die Furcht vor diesem von den Gelehrten erdachten Verbrechen sollte sich während der nächsten 300 Jahre als existenziell empfundene Bedrohung des christlichen Abendlandes über fast ganz Europa ausbreiten und schätzungsweise 60.000 Menschen das Leben kosten; davon allein die Hälfte in Deutschland (mit dem Begriff „Deutschland" ist das Gebiet der heutigen Bundesrepublik bezeichnet).

Fast alle Opfer hatten unter der Folter bekannt, der teuflischen Hexensekte anzugehören. Und da man davon ausging, dass die Inquisiten (also die Personen, gegen die ermittelt wurde) im Geständnis die Wahrheit sagten, wurde die (vermeintlich) reale Existenz der Hexensekte durch jedes Geständnis erneut bestätigt - ein wahrhaft teuflischer Kreislauf. In der Realität gab es eine solche Sekte zwar nicht, aber dass es einzelne Personen gab, die sich tatsächlich mit einem Teufelsbund oder Schadenzauber in Teufels Namen versuchten (gezaubert wurde ja schon immer), gilt heute als sicher.

Der Glaube an die Existenz der Hexen war in der Frühen Neuzeit allgemein; ebenso wie die reale Existenz von Gott und Teufel - beides Fixpunkte im damaligen Weltbild - unbestritten war. Auch die wenigen Gegner der Hexenprozesse zweifelten daran nicht (zumindest nicht in ihren Schriften), sondern kritisierten nur Art und Weise der Verfolgungen (Adam Tanner, Friedrich v. Spee u.a.). Erst Christian Thomasius (1655-1728) konnte es nach 1700 wagen, die Lehre vom Teufelspakt anzugreifen. Gestützt auf den Niederländer Balthasar Bekker (1634-1698) leugnete er die reale Möglichkeit von Hexerei. Die Zeit der großen Hexenverfolgungen war derzeit allerdings schon vorbei.

Abbildung 1: Merkmale des Hexereibegriffs, Holzschnitt von Hans Schäufelein aus: Ulrich Tengler, Der Neu Layenspiegel, Augsburg 1511. (Foto: Bildarchiv Foto Marburg)

1.2. Die Zeit der Hexenverfolgungen in Deutschland

Ihren Anfang nahmen die europäischen Hexenverfolgungen zu Beginn des 15. Jahrhunderts in Norditalien, Savoyen, Südostfrankreich und der Westschweiz. Ab 1480 gab es auch erste Versuche einer Inquisition in Tirol, Oberschwaben, Ostfrankreich und der Gegend entlang des Rheins, doch die Erfolge der Inquisitoren blieben nördlich der Alpen zunächst bescheiden.

Die dortigen Landesherren sahen die Hexen kaum als ernst zu nehmende Gefahr an und versagten den kirchlichen Inquisitoren schlichtweg ihre Mithilfe. Als der Dominikaner Heinrich Kramer im Jahre 1486 auf Grund seiner Inquisitionsversuche in Tirol von Bischof und Ständen gar aus dem Land geworfen wurde, verfasste er als Reaktion den bereits genannten „Maleus maleficarum“. Mit dem Hexenhammer sollten die weltlichen Obrigkeiten von der drohenden Gefahr der Hexensekte überzeugt und vor allem zur Übernahme der Verfahren vor ihre (weltlichen) Gerichte veranlasst werden.

Das Hexenthema gewann dadurch zwar an Aktualität und wurde von den Gelehrten viel diskutiert - auch Künstler wie Albrecht Dürer, Hans Baldung Grien oder Albrecht Altdorfer griffen es als gut absetzbares Motiv für ihre Druckgrafiken dankbar auf -, doch Angst und Schrecken verbreitete es (noch) nicht. Einige Humanisten (u.a. Willibald Pirckheimer und Erasmus von Rotterdam) machten sich sogar darüber lustig, und Hans Sachs reimte 1531 noch fröhlich: *„Des teuffels eh und reutterey/ Ist nur gespenst und fantasey“.*[1]

Es blieb bei relativ kleinen Verfolgungen, und als Deutschland ab 1520 von der Reformation erschüttert wurde, verschwanden die Hexen für Jahrzehnte fast völlig aus dem Blickfeld des allgemeinen Interesses.

Abbildung 2: Die Hexe, Kupferstich von Albrecht Dürer, um 1500. (Foto: Bildarchiv Foto Marburg)

Abbildung 3: *Hexensabbat, Holzschnitt von Hans Baldung Grien, 1510. (Foto: Bildarchiv Foto Marburg)*

Erst nach 1560, als es im Burgund, in der Schweiz und in Lothringen zu größeren Verfolgungen kam, begann auch in Deutschland die (eigentliche) Zeit der Hexenverfolgungen. Warum die Verfolgungen nach dieser langen Ruhepause wieder einsetzten und die Vorstellungen des Hexenhammers nun offensichtlich allgemein akzeptiert wurden, ist eine der vielen offenen Fragen der Hexenforschung.

Vermutlich hat es u.a. mit einer Verhärtung der konfessionellen Fronten zu tun, die die Menschen gerade in der Zeit der Gegenreformation radikal gegen alle vermeintlichen Feinde Gottes vorgehen ließ, und das waren die Hexen für alle Christen gleichermaßen. Nicht zu unterschätzen sind aber auch die klimatischen Veränderungen durch die sog. „kleine Eiszeit", eine Folge von Jahren mit schlechter Witterung, die Missernten, Teuerungen und Hungersnot nach sich zogen und in Europa nach 1560 eine allgemeine Vertrauenskrise, eine „Periode der Angst" erzeugten.

Noch vor 1600 entstanden die maßgeblichen Schriften der großen theoretischen Befürworter der Hexenverfolgungen. Jean Bodin (1529-1596), Martin Delrio (1551-1608) und andere rechtfertigten Hexerei als „crimen exceptum", als absolutes Ausnahmeverbrechen, das mit allen (auch ungewöhnlichen und sonst nicht zulässigen) Mitteln zu bekämpfen sei. Und auch der Hexenhammer, zuletzt 1520 in der 13. Auflage erschienen, wurde ab 1576 wieder fleißig gedruckt. Bis 1669 sollte er noch 16 weitere Auflagen erleben.

Dieses allgemeine Krisenbewusstsein war für die Hexenverfolgungen offensichtlich günstig, denn in der zweiten Hälfte des 16. und vor allem im 17. Jahrhundert sollten sie sich über (fast) ganz Deutschland ausbreiten. Das Auftreten der Verfolgungen lag dabei regional und zeitlich sehr unterschiedlich, doch tendenziell kann eine Ausbreitung von Südwesten (Südwestdeutschland und Kurtrier) nach Nordosten erkannt werden.

Diese Beobachtung gilt übrigens nicht nur im deutschen, sondern auch im europäischen Rahmen: Die Verfolgungen nahmen im Südwesten Europas ihren Anfang und fanden z.B. in Italien und Spanien schon Anfang des 16., in Frankreich spätestens Mitte des 17. Jahrhunderts ihr Ende. Dagegen liefen sie in Polen, Schlesien und Skandinavien um diese Zeit gerade an; Ungarn wurde von den Hexenverfolgungen gar erst im 18. Jahrhundert heimgesucht.

Von den deutschen Ländern und Regionen relativ wenig betroffen waren u.a. der Niederrhein, Kurpfalz, Kurbrandenburg, Kursachsen, Kurbayern und das Herzogtum Württemberg, während sich Kurtrier, Kurköln, Kurmainz, Westfalen, Mecklenburg, Franken (Bamberg, Würzburg, Eichstätt) und Südwestdeutschland (außer Herzogtum Württemberg) als eher verfolgungsreiche Gebiete zeigten. Und auch der Thüringer Raum darf mit mindestens 900 Opfern zu dieser Gruppe gezählt werden.

In zeitlicher Hinsicht lassen sich zumeist zwischen 1560 und 1570, aber vor allem in den Jahren zwischen 1590 und 1630 sowie 1650 und 1670 eindeutige Verfolgungswellen ausmachen, die jedoch regional wiederum ganz unterschiedlich gewichtet sind. Ein allgemeiner Rückgang der Verfolgungen ist im Reich (Heiliges Römisches Reich Deutscher Nation) bereits seit 1680 festzustellen, doch Einzelfälle lassen sich noch bis weit ins „aufgeklärte“ 18. Jahrhundert hinein finden: Erst 1775 setzte die Hinrichtung einer angeblichen Hexe in Kempten den Schlusspunkt unter eine in Deutschland gut 300 Jahre währende Verfolgungsperiode.

Dabei ist zu betonen, dass sich damit keinesfalls auch die Vorstellungen von Hexerei und Zauberei überholt hatten. Zusammen mit einer Vielzahl von abergläubischen und volksmagischen Praktiken sind sie bis auf den heutigen Tag in vielen Köpfen präsent und lebendig. Im 18. Jahrhundert hat lediglich die strafrechtliche Verfolgung von Hexen ihr Ende gefunden.

2. Untersuchungsraum und Quellenlage

Entsprechend ihrer Bedeutung wurden Hexenprozesse - zumindest in Thüringen - auf höchster Ebene geführt und die Akten zunächst auch recht sorgsam verwahrt. Erst im 19. Jahrhundert hat man sich mancherorts der Hexenprozesse geschämt und Akten aus den Archiven entfernt. Einige Akten wanderten als Altpapier in die Papiermühlen, andere gelangten in den Besitz historischer Vereine oder von Privatleuten. Doch in allen thüringischen Staatsarchiven, außer in Greiz und Altenburg, findet sich heute noch eine z.T. beträchtliche Anzahl an Akten, die, je nach Umfang, einzelne Hexenprozesse mehr oder weniger anschaulich dokumentieren. Weiteres für Thüringen relevantes Material liegt in den Staatsarchiven Coburg, Dresden, Wernigerode und Marburg. Neben den eigentlichen Prozessakten geben oft auch Ortschroniken und Kirchenbücher Auskunft über einzelne Fälle, und gelegentlich berichten auch alte Amtsrechnungen über die hohen Kosten eines Hexenprozesses.

Nach Auswertung dieser Quellen konnten für den Thüringer Raum bisher 1.565 Fälle von Hexenverfolgung ermittelt werden. Sicher waren es etwas mehr, aber die Dunkelziffer dürfte sich in Grenzen halten. Die Quellenlage ist insgesamt recht gut, und größere Verfolgungen, die überhaupt nirgends erwähnt werden, sind kaum anzunehmen.

Der Untersuchungsraum ist - den historischen Dimensionen Thüringens entsprechend - etwas größer gewählt worden als das heutige Bundesland Thüringen und schließt auch das ehemalige Herzogtum Sachsen-Coburg sowie die albertinischen Besitzungen um Sangerhausen, Zeitz und Weißenfels mit ein. Er umfasst damit den allgemein mit dem Begriff „Thüringen“ assoziierten Kultur- und Landschaftsraum, weshalb hier auch vom „Thüringer Raum“ gesprochen werden kann.

Im Einzelnen finden sich darin territoriale Besitzungen folgender Herrschaften: Wettiner ernestinischer Linie (bis 1547 Kurfürsten, danach Herzöge von Sachsen, zunächst als Gesamthaus, ab 1572 in Kleinstaaten zersplittert), Wettiner albertinischer Linie (seit 1547 Kurfürsten von Sachsen, kursächsische Besitzungen im Norden des Thüringer Raumes sowie ab 1657/60 mit den Sekundogenituren Sachsen-Zeitz und Sachsen-Weißenfells), Grafschaft Schwarzburg (mehrere Linien), Herrschaft Reuß (mehrere Linien), Erzbistum Mainz (mit Erfurt und auf dem Eichsfeld), Landgrafschaft Hessen (mit der Herrschaft Schmalkalden), Grafschaften Stolberg, Gleichen und Mansfeld, Herrschaften Beichlingen und Boineburg-Lengsfeld, Ganerbschaft Treffurt und Reichsstädte Mühlhausen und Nordhausen (Herrschaften, für die keine Hexenverfolgungen ermittelt werden konnten, sind hier nicht genannt).

Bevor es jedoch um Ausmaß und Verbreitung der thüringischen Hexenverfolgungen geht, sollen zunächst einmal Rechtsbasis und Ablauf der Hexenprozesse anschaulich gemacht werden. Schließlich setzten sich die Hexenverfolgungen aus vielen einzelnen Hexenprozessen zusammen.

3. Der rechtliche Rahmen der Hexenprozesse

Mit seinen vier Tatbestandsmerkmalen Teufelsbund, Teufelsbuhlschaft, Hexensabbat und Schadenzauber war das Verbrechen der Hexerei DAS Superverbrechen der Frühen Neuzeit. Der Bund mit dem Teufel war automatisch eine Verschwörung gegen Gott und damit - im Verständnis der Zeit - auch gegen den von Gott bestimmten und legitimierten Landesherren. Hexerei galt als „crimen laesae majestatis (divinae)", als Majestätsverbrechen. Als solches fiel es unter die Hohe Gerichtsbarkeit und wurde ausschließlich vor weltlichen Gerichten verhandelt.

Rechtliche Grundlage im Hexereiverfahren war im Thüringer Raum zunächst die 1532 erlassene „Constitutio Criminalis Carolina", die Peinliche Halsgerichtsordnung Kaiser Karls V., kurz „Carolina" genannt. Dieses Gesetzeswerk, das bis 1806 gültig bleiben sollte, galt im ganzen Reich, sofern seinen Bestimmungen in den einzelnen Territorien keine eigenen Gesetze entgegenstanden (sog. „salvatorische Klausel").

Das Erscheinen der Carolina deckt sich ziemlich genau mit dem (langsamen) Beginn der Hexenverfolgungen in Thüringen. Vor 1532 sind nur zwei Fälle bekannt (1526 und 1529), die wahrscheinlich nach Gewohnheitsrecht entschieden wurden, doch ist deren Quellenlage recht dürftig. Nahe liegend wäre eine Urteilsfindung auf Grund des um 1225 niedergeschriebenen Sachsenspiegels, der Hexerei natürlich noch nicht kannte, aber für Zauberei grundsätzlich den Feuertod vorsah:

„Swelk cristen man ungeloubich ist oder mit zoubere umme geit oder mit vergiftnisse, unde des virwunnen wirt, den sol man uph der hurt burnen."

Aber warum hat man Hexen und Zauberer eigentlich verbrannt und nicht zu anderen Todesstrafen verurteilt?

Der Tod durch das Feuer war die traditionell übliche Bestrafung des Zaubereiverbrechens. Schon im antiken Rom wurde Schadenzauber mit dem Feuertod geahndet, und auch bei den (heidnischen) Germanen hatten überführte (Schaden-)Zauberer nichts anderes zu erwarten. Durch das reinigende Feuer glaubte man sowohl das Verbrechen angemessen gesühnt als auch die Erinnerung an Tat und Täter restlos ausgelöscht, ja buchstäblich in alle Winde zerstreut.

Im christlichen Europa war das Strafrecht am „ius divinum", am göttlichen Recht orientiert, das man in der Bibel fand. Dort stand im Alten Testament unter Exodus 22,17 geschrieben: *„Die Zauberinnen sollst du nicht am Leben lassen."*

Das war ein klares Wort, aber damit war noch nicht gesagt, dass man sie auch verbrennen soll. Zur Rechtfertigung des Feuertodes muss auf eine Stelle im Neuen Testament, nämlich Johannes 15,6 zurückgegriffen werden: *„Wer nicht in mir bleibt, der wird weggeworfen wie eine Rebe und verdorrt, und man sammelt sie und wirft sie ins Feuer, und müssen brennen."* Und natürlich haben sich auch die Verfasser der Carolina an diese Vorgabe gehalten.

Da territorial begrenzte Gesetzeswerke im Thüringer Raum, wie die Hennebergische Landesordnung von 1539 und die Ernestinische Landesordnung von 1556, weder Hexerei noch Zauberei nennen, darf ab 1532 vorerst Artikel 109 der Carolina als die für Thüringen maßgebliche Rechtsgrundlage in Hexereifällen angesehen werden:

„Straff der zauberey: 109. Item so jemandt den leuten durch zauberey schaden oder nachtheyl zufügt, soll man straffen vom

leben zum todt, unnd man soll solche straff mit dem fewer thun. Wo aber jemandt zauberey gebraucht, unnd damit niemant schaden gethan hett, soll sunst gestrafft werden, nach gelegenheit der sach, darinnen die urtheyler radts gebrauchen sollen, wie vom radt suchen hernach geschriben steht."

Die noch von mittelalterlichen Vorstellungen geprägte Carolina spricht ausschließlich von Zauberei, wobei sie zwischen Zauberei mit und Zauberei ohne Schadenstiftung unterscheidet. Der 1487 im Hexenhammer vorgestellte elaborierte Hexereibegriff mit seinen einzelnen Elementen wird von ihr noch vollkommen ignoriert: Hexerei und Teufelsbund bleiben ungenannt. Das ist auch nicht weiter verwunderlich, denn um 1530 wurden im Reich kaum Hexen verfolgt, und für die Verfasser der Carolina bestand demnach auch kein Grund für dieses Verbrechen ein spezielles Gesetz zu erlassen. Dennoch hatten die Juristen mit der Carolina aber ein hinreichend praktikables Instrument in der Hand, um auch das neue Kumulativdelikt der Hexerei wirkungsvoll fassen zu können: Sie mussten nur auf die verschiedenen Artikel zurückgreifen.

Als Gotteslästerung schwerster Form fiel Teufelsbund unter Artikel 106 „*Wie Gottßschwerer oder gottslesterung gestrafft werden sollen*", der dafür eine Leib- oder Lebensstrafe vorsah. Dagegen war Teufelsbuhlschaft - als Unzucht zwischen Mensch und viehischem Dämon (Teufel) allgemein als Sodomie verstanden - nach Artikel 116 „*Straff der unkeusch, so wider die natur beschicht*" mit dem Feuer zu strafen.

In einigen deutschen Territorien bildeten diese Artikel der Carolina daher bis zum Ende der Hexenverfolgungen die einzige und offenbar absolut ausreichende Rechtsgrundlage. Und auch im Thüringer Raum blieb es in den zu Nordhausen, Mainz (Erfurt und Eichsfeld) und Hessen (ab 1583 Herrschaft Schmalkalden) sowie in den zum fränkischen Rechtskreis (Einflussbereich des fränkischen Rechts; in Thüringen Coburger und Henneberger Land) gehörigen Besitzungen dabei.

Im größten Teil Thüringens erlangte jedoch nach 1572 die Kursächsische Kriminalordnung Gültigkeit. Anders als die Carolina, die den Tatbestand der Zauberei noch ganz profan nach dem angerichteten Schaden beurteilte, setzte diese Kriminalordnung einen völlig neuen Maßstab an. In Const. IV ,2 wird die Verbindung von Teufelsbund und Schadenzauber hergestellt, also nun tatsächlich das neue Ausnahmeverbrechen der Hexerei, wenn auch nicht beim Namen genannt, so doch aber mit zweien seiner Elemente konkret thematisiert:

„Von Straffe derer, so mit Zauberey und Wahrsagen umgehen.
Alldieweil Zauberey, hin und wieder, hefftig einreisset, und nicht allein in gemeinen beschriebenen Kayserlichen Rechten, sondern auch, in Göttlicher Schrift, zum höchsten verboten ist. Demnach constituiren und ordnen Wir: So iemands, in Vergessung seines Christlichen Glaubens, mit dem Teuffel Verbündniß aufrichtet, umgehet, oder zu schaffen hat, dieselbige Person, ob sie gleich mit Zauberey niemands Schaden zufüget, mit dem Feuer vom Leben zum Tode gerichtet und gestraffet werden soll. Do aber, ausserhalb solcher Verbündnissen, iemands mit Zauberey Schaden thut, derselbige sey groß oder geringe: So soll der Zauberer, Mann oder Weibes-Person mit dem Schwerdt gestraffet werden. Desgleichen ordnen, setzen und constituiren Wir: daß auch die, so sich unterstehen, aus des Teuffels Kunst, wahr zu sagen, oder, mit dem Teuffel, durch Christallen oder in andre Wege Gespräch, oder dergleichen Gemeinschafft zu halten, und sich von ihm beschehener oder zukünfftiger Dinge Bericht und Erforschung zu erholen, mit dem Schwerdt vom Leben sollen gerichtet und gestraffet werden.“ [2]

Im Gegensatz zur Carolina steht nun nicht mehr der gegen Mensch oder Vieh gerichtete Schadenzauber, sondern der Teufelsbund und damit die Verschwörung gegen Gott im Vordergrund. Ob durch die Zauberei Schaden angerichtet wurde oder nicht, ist nur noch außerhalb eines Teufelsbundes von Interesse.

Natürlich bleibt auch bloßer, also ohne Teufelsbund verübter Schadenzauber weiterhin strafbar, doch wird dessen Bestrafung im Vergleich zur Carolina von Tod durch das Feuer auf Tod durch das Schwert „abgemildert“. Ein Tod durch das Schwert galt als ehrenhaft, eine Verbrennung nicht.

In der Praxis machte es allerdings keinen großen Unterschied, ob ein Prozess nach der Carolina oder der Kursächsischen Kriminalordnung entschieden wurde, da in den meisten Verfahren sowohl Schadenzauber als auch Teufelsbund (bzw. -buhlschaft) beharrlich nachgefragt und - spätestens in der Tortur - von den Inquisiten auch gestanden wurden. Und bei dieser Konstellation sahen beide Gesetze den Tod durch das Feuer vor.

Die Kursächsische Kriminalordnung galt nicht nur in Kursachsen und damit natürlich auch in den kursächsischen Besitzungen des Thüringer Raumes. Sie wurde ab 1572 auch nach und nach zur Rechtsgrundlage für die meisten anderen thüringischen Herrschaften. Herzog Ernst der Fromme von Sachsen-Gotha übernahm den (Hexen-)Artikel fast gleich lautend in seine Gothaische Landesordnung vom Jahre 1653, und auch die Altenburgische Landesordnung rezipiert ihn noch 1705 in nahezu identischer Form.

Doch nicht nur für die Bestrafung des Hexereideliktes gab es Gesetze, auch der Ablauf des Verfahrens sollte bestimmten Regeln folgen. Diese Verfahrensregeln waren ebenfalls in der Carolina vorgegeben, die nicht nur eine Strafgesetz-, sondern auch eine Strafprozessordnung war. Als solche bestimmte sie den Ablauf der beiden damals gebräuchlichen Prozessformen: Akkusations- und Inquisitionsprozess.

Beim Akkusationsprozess (akkusare = anklagen) trat ein privater Kläger auf und beschuldigte eine andere Person einer bestimmten Tat. Fand sich für ein begangenes Verbrechen kein Kläger, weil sich niemand betroffen fühlte (etwa bei Mord an einem Landstreicher), so blieb die Tat ungesühnt, denn kein Gericht wurde aktiv („Wo kein Kläger, da kein Richter“).

Außerdem bestand beim Akkusationsprozess für den Kläger

die Beweispflicht, d.h. nicht das Gericht, sondern der Kläger selbst musste dem Beklagten die Tat auch nachweisen können. Gelang ihm dies nicht, sah er sich seinerseits von einer Strafe bedroht. Schon allein deshalb überlegte es sich jeder Kläger zweimal, ob er auch wirklich eine Klage einbringen, oder es lieber bleiben lassen sollte.

Neben den rein privatrechtlichen Akkusationsprozess, der in Mitteleuropa bisher allein in Übung war, trat im Späten Mittelalter zunehmend eine andere Prozessform, die diesen ganz offensichtlichen Nachteilen zu begegnen suchte: Der Inquisitionsprozess.

Beim Inquisitionsprozess (inquirieren = untersuchen) erfolgte die Untersuchung „ex officio“, d.h. „von Amts wegen“, also auf Initiative der Behörde, meist des Amtes (unterste Verwaltungsebene). Zur Einleitung eines Verfahrens war keine private Klage notwendig, sondern der Behörde musste lediglich ein hinreichender Verdacht bzw. eine Anzeige vorliegen. Sie war dann gezwungen, der Sache nachzugehen und damit ein Inquisitionsverfahren einzuleiten.

Mit der (Heiligen) kirchlichen Inquisition, die bereits seit dem 13. Jahrhundert gegen die Ketzer aktiv war, hat diese (weltliche) Prozessform zwar Name und Methode gemein, doch ansonsten nichts zu tun.

Alle Hexenprozesse im Thüringer Raum wurden nach dem Inquisitionsverfahren geführt. Das Akkusationsverfahren war dafür schon allein deshalb ungeeignet, weil sich ein heimliches Verbrechen, wie das der Hexerei, für einen Kläger ja gar nicht nachweisen ließ. Selbst wenn jemand noch so sehr davon überzeugt war, dass seine Nachbarin eine Hexe sei, konnte er dafür allenfalls Indizien benennen, welche die Nachbarin so verdächtig machten, dass gegen sie ein Verfahren eingeleitet wurde - aber beweisen konnte er ihr das Verbrechen damit nicht.

Spätestens jetzt stellt sich die Frage, wie denn Hexerei überhaupt bewiesen werden konnte?

Zur Überführung und Verurteilung eines Täters sah die Carolina zwei Möglichkeiten vor: Entweder zwei „gute (Augen-)Zeugen“ konnten die Tat beweisen (Artikel 67 der Carolina), oder der Angeklagte gestand die Tat (Artikel 22 der Carolina).

„Gute Zeugen“, also rechtschaffene Personen mit gutem Leumund, deren Aussage vor Gericht Bestand hatte, konnte es für Hexerei nicht geben, da nur die Mitglieder der Hexensekte einander beim Hexensabbat gesehen haben konnten. Doch letztere waren ja ebenfalls Verbrecher und schieden damit als „gute Zeugen“ aus. Deren Aussage, etwa die Besagung anderer Hexen im Geständnis, genügte zwar zur Einleitung eines Verfahrens, nicht aber zum (vollen) Beweis der Tat.

Folglich konnte das Verbrechen der Hexerei nur durch ein Geständnis des Angeklagten selbst bewiesen und geahndet werden. Das Verfahren im Hexenprozess war daher auf die Erlangung dieses Geständnisses ausgerichtet. Und in der Tat hatten ja alle wegen Hexerei verurteilten Personen letztlich gestanden, der teuflischen Hexensekte anzugehören. Nur wenige freiwillig, die meisten erst unter Androhung und Anwendung der Tortur, der Folter, der „peinlichen Frage“.

Die Tortur war keine Form der Bestrafung, sondern ein damals übliches Mittel der Beweisfindung, auch in anderen Kriminalverfahren. Doch was uns heute pervers erscheint, hatte im damaligen Rechtsverständnis durchaus seinen Platz.

Da eine Verurteilung auf Grund von starken Indizien, wie sie heute möglich ist, damals nicht vorgesehen war, und es dazu wie gesagt zweier guter (Augen-)Zeugen oder eines Geständnisses bedurfte, wurde ein Verfahren erst aufgenommen, wenn man die Tat durch die vorliegenden „hinreichenden Indizien“ so gut wie bewiesen glaubte. Das Geständnis des Angeklagten war demnach reine Formsache. Gestand er nicht, so war er verstockt (etwa durch einen Dämon, der aus Körper und Geist erst herausgefoltert werden musste) und musste durch die Tortur zum Geständnis der Tat (die man ja durch die vorliegenden Indizien bereits so gut wie bewiesen glaubte) angeregt werden. Allerdings beweist gerade jedes Hexereigeständnis, dass dieser Gedankengang irrig war.

In der Carolina sind in einem eigenen Kapitel unter der Überschrift: „*Von anzeygung: so sich auff sonderlich missethatten ziehen, und ist eyn jeder Artickel, zu redlicher anzeygung der selben missethat gnugsam, und darauff peinlich zu fragen*“ für die häufigsten Verbrechen (Mord, Totschlag, Kindstötung, Diebstahl etc.) jeweils die Indizien aufgeführt, die zur Anwendung der Tortur vorliegen müssen. Der Artikel 44 legt diese Voraussetzungen für das Verbrechen der Zauberei fest:

„*Von zauberey gnugsam anzeygung: 44. Item so jemandt sich erbeut andere menschen zauberei zu lernen, oder jemands zu bezaubern bedrahet und dem bedraheten dergleichen beschicht, auch sonderlich gemeynschafft mit zaubern oder zauberin hat, oder mit solchen verdechtlichen dingen, geberden, worten und weisen, umbgeht, die zauberey auf sich tragen, und die selbige person der selben sonst auch berüchtigt, das gibt eyn redlich anzeygung der zauberey, und gnugsam ursach zu peinlicher frage.*“

Bis ins 18. Jahrhundert hinein war in Deutschland die Anwendung der Tortur in Kriminalfällen möglich, und erst die Aufklärung machte ihrem (offiziellen) Gebrauch ein Ende. Auch in den thüringischen Hexenprozessen lässt sie sich noch um 1700 nachweisen, wurde aber bereits in den Jahren vorher zunehmend eingeschränkt.

4. Das Hexereiverfahren

Nachdem nun (grob) der rechtliche Rahmen abgesteckt worden ist, in dem sich die Hexenverfolgungen in Thüringen bewegt haben, soll im Folgenden der Verlauf des Hexereiverfahrens vorgestellt werden.

Schauplatz des Geschehens war in der Regel ein Amts- bzw. Gerichtsort, in den auch die Fälle aus den zugehörigen kleineren Ortschaften gezogen wurden. Hier führte ein Amtmann oder Schösser, im Fränkischen (Henneberger und Coburger Raum) auch ein Centgraf bzw. Centrichter das (Inquisitions-)Verfahren, bei dem er keinesfalls willkürlich vorgehen durfte. Wie in anderen Kriminalfällen auch, war er bei Hexerei an den in der Carolina vorgegebenen Verfahrensmodus gebunden, der kaum eigenständige Entscheidungen der örtlichen Beamten zuließ. Jeder Verfahrensschritt erfolgte gemäß Artikel 219 der Carolina nach Vorgabe eines Spruchkörpers (siehe weiter unten) und wurde anschließend durch die jeweilige Landesregierung bestätigt. Die Bestätigung der Endurteile, insbesondere der Todesurteile, behielt sich zumeist der Landesherr persönlich vor. Auf einem „endlichen Rechtstag“ unter Leitung des örtlichen Gerichtshalters wurden die Todesurteile schließlich verkündet und vollstreckt. Freisprüche und Landesverweise erfolgten ohne große Zeremonie.

Obwohl der außergewöhnliche Charakter des Hexereiverbrechens natürlich auch im Thüringer Raum anerkannt wurde, folgte man hier im Hexereiverfahren dem in der Carolina vorgezeichneten und auch für andere Kriminaldelikte maßgeblichen

Verfahrensweg. Die üblichen Verfahrensnormen wurden weitestgehend eingehalten. Dies ist durchaus bemerkenswert, denn in einigen Gebieten des Reiches war man da ganz anderer Meinung. Man betrachtete Hexerei als absolutes Ausnahmeverbrechen, als „crimen exceptum", und glaubte daher im Hexereiverfahren alle sonst üblichen Verfahrensnormen - etwa bei der Anwendung der Folter - außer Acht lassen zu dürfen.

Sicher ist es auch in Thüringen zu Verletzungen der Regeln gekommen - sonst hätte nicht immer wieder ihre Einhaltung angemahnt werden müssen -, doch im Großen und Ganzen bewegten sich die Hexenprozesse hier in geordneten Bahnen. Und diese Bahnen führten in Thüringen über die Spruchkörper.

4.1. Die Spruchkörper

Im Vergleich mit anderen deutschen Territorien und Regionen fällt auf, wie konsequent im Thüringer Raum der Verfahrensweg über die Spruchkörper eingehalten wurde. Als Spruchkörper bezeichnet man Kollegien gelehrter Juristen, die als „Schöppenstuhl" oder „juristische Fakultät" (in der Regel) einer Universität angegliedert waren und die auf Anfrage in Rechtsangelegenheiten Rat erteilten.

Bis zum Erscheinen der Carolina wurden Rechtsfälle zumeist nach Gewohnheitsrecht entschieden, d.h. die Gerichte vor Ort entschieden einen Fall so, wie es bei ihnen schon immer üblich war (eben nach Gewohnheit) und wie sie es aus ihrer Erfahrung heraus für richtig hielten. Beginnend mit der Rezeption des alten Römischen Rechts im 12. Jahrhundert wurden die Richter vor Ort mit geschriebenen Gesetzen konfrontiert. Die Richter waren zwar lebenserfahren, aber eben nicht „gelehrt". Sie konnten die Gesetze weder auslegen noch anwenden; ja viele konnten sie nicht einmal lesen. Daher wandte man sich in Zweifelsfällen immer öfter an Personen, die sich darauf verstanden, eben an die gelehrten Juristen der Universitäten und fragte dort um Rat. Ihnen wurden die Akten zur Rechtsbelehrung vorgelegt, also zugeschickt, weshalb man diese Prozedur als „Institut der Aktenversendung“ bezeichnet. Anfangs praktizierte man diesen Modus in Italien, doch mit der zunehmenden Verschriftlichung der Gerichtsverfahren (vorher wurden die meisten Verfahren nur mündlich verhandelt) kam er im 15./16. Jahrhundert auch nördlich der Alpen in Übung.

Da es um das deutsche Rechtswesen im Späten Mittelalter nicht zum Besten stand (Willkür und Unwissenheit der Beamten und Richter waren an der Tagesordnung), war in Artikel 219 der Carolina ausdrücklich vermerkt, dass man in Zweifelsfällen eine derartige Rechtsbelehrung einholen solle. Allerdings war dazu niemand gezwungen, und in einigen Orten, Regionen und Ländern des Reiches führten und entschieden die Gerichte ihre Fälle auch weiterhin nach eigenem Ermessen und Rechtsverständnis.

Daher ist es durchaus bemerkenswert, dass in allen Herrschaften im Thüringer Raum - zumindest in Hexereifällen - regelmäßig der Weg über die Spruchkörper genommen wurde. Hier hat man zumeist die Schöppenstühle Jena, Coburg und Leipzig angerufen, aber auch auswärtige Adressen wurden gelegentlich konsultiert (Marburg, Wittenberg, Halle u.a.).

Und obwohl dadurch das Verfahren recht lange dauern und auch teuer werden konnte, hatte das derart konsequent praktizierte Institut der Aktenversendung für den Inquisiten doch letztlich einen entscheidenden Vorteil: Indem den juristisch oft unbedarften Beamten vor Ort kaum mehr eigene Entscheidungsbefugnisse zukamen und den lokalen Gerichten die Rechtsfindung aus der Hand genommen war, hat es die Rechtspraxis um ein wesentliches Element der Rechtssicherheit bzw. Rechtsgleichheit bereichert.

4.2. Der Ablauf des Verfahrens

Der im Thüringer Raum übliche Verfahrensweg soll zunächst einmal anhand von zwei konkreten und nicht untypischen Beispielen anschaulich gemacht werden:

Am 25. April 1663 wurde gegen Magdalena Müller, das Eheweib des Schreiners Baltzar Müller zu Breitenbach, durch den Amtmann Johann Siegmund Sulzberger auf Grund eines Verdachtes die Inquisition eingeleitet. An diesem Tag und einem weiteren Termin hat der Amtmann in Schleusingen insgesamt 20 Zeugen vernommen und deren Aussagen an den Schöppenstuhl Jena geschickt.

Dieser entschied daraufhin im Juli auf Verhaftung der verdächtigen Person sowie ihr Verhör auf bestimmte, aus den Zeugenaussagen gewonnene Frageartikel. Falls sie leugne, sei sie mit den Zeugen zu konfrontieren, die vorher nochmals, diesmal jedoch unter Eid, auf ihre Aussagen abgehört werden sollten. Herzog Moritz bestätigte diesen Spruch am 18. Juli 1663 in Naumburg (Schleusingen gehörte damals zur albertinischen Sekundogenitur Sachsen-Zeitz).

Nach der Verhaftung der Magdalena Müller am 25. Juli erfolgte am 29. des Monats ihr Verhör auf 80 Frageartikel, bei dem sie alle Anschuldigungen leugnete. Daraufhin wurden am 5. August 22 Zeugen vereidigt und auf jeweils einige von insgesamt 117 verschiedenen Frageartikeln abgehört. Am 4. September erfolgte die Konfrontation der Zeugen mit der Angeklagten, bei der diese weiterhin alle Anschuldigungen abstritt. Ohne dass ein Verhör angesetzt gewesen wäre, entschloss sich Magdalena Müller zwei Tage später überraschend zu einer umfassenden freiwilligen Aussage.

Wiederum wurden die Akten nach Jena gesandt, wo der dortige Schöppenstuhl ihr die Strafe des Feuers zuerkannte. Am 27. September bestätigte Herzog Moritz das Urteil mit der Ergänzung, dass ihr im Falle „herzlicher Reue“ vor der Verbrennung der Tod durch das Schwert zuteil werden solle. Das Urteil wurde in dieser Form am 1. Oktober 1663 in Schleusingen vollstreckt.

In ihrer umfassenden Aussage vom 6. September 1663 hatte Magdalena Müller u.a. angegeben, auch Irmell Wagner, die Witwe des Valten Wagner zu Breitenbach, auf dem Hexentanz gesehen zu haben.

Die allgemeine Zeugenvernehmung über die Wagnerin begann aus unbekannter Ursache - wahrscheinlich wurden, wie es meist hieß, *„zunächst insgeheim Erkundigungen eingeholt“* - erst am 1. Juli 1664 und dauerte bis September. Auf Grund der ihm zugesandten Akten entschied der Schöppenstuhl Jena im September auf Verhaftung und gütliche Vernehmung (d.h. Vernehmung ohne Anwendung der Tortur) der Verdächtigen. Falls sie im gütlichen Verhör nicht bekenne, sollten die Zeugen, nach Ableistung eines Zeugeneides, erneut vernommen und anschließend mit der Müllerin konfrontiert werden. Herzog Moritz bestätigte das Zwischenurteil am 27. September in Moritzburg.

Wann die Verhaftung erfolgte, ist nicht bekannt, doch das Protokoll des gütlichen Verhörs der Irmell Wagner datiert vom 12. Januar 1665. An diesem Tag wurde sie in Schleusingen auf 57 Frageartikel vernommen, ohne jedoch auch nur einen Punkt zuzugeben. Daraufhin wurden am 1. Februar zehn Zeugen auf insgesamt 91 Fragen eidlich abgehört und am 18. Februar mit der Inquisitin konfrontiert, die sich wiederum als nicht geständig zeigte.

Der Schöppenstuhl Jena entschied auf Grund dieser Protokolle, dass Irmell Wagner in Gegenwart des Scharfrichters zunächst nochmals in der Güte, falls sie aber weiterhin leugne, ernstlich in der Schärfe und zwar „ziemlicher Maßen“ zu befragen sei. Herzog Moritz bestätigte dieses Zwischenurteil am 3. März 1665.

Doch zur Anwendung der Instrumente kam es nicht: Bereits in der gütlichen Befragung legte die Angeklagte am 16. März ein umfassendes Geständnis ab, welches sie am 18. März freiwillig wiederholte. Der Schöppenstuhl Jena erkannte noch im gleichen Monat, *„sofern nun Inquisitin uff diesem ihrem gethanen Bekenntnis vor offentlich gehegtem Gericht freiwillig verharret"*, auf deren Tod durch das Feuer.[3] Da sie ohne vorhergehende Tortur geständig war, milderte Herzog Moritz am 1. April 1665 das Urteil auf vorherige Enthauptung ab, wie es dann am 8. des Monats auch in Schleusingen vollstreckt wurde.

Diese beiden Beispiele zeigen, wie einzelne Prozesse miteinander zusammenhingen und wie lange sie sich hinzogen. „Kurzer Prozess" wurde mit den Hexen - zumindest in Thüringen, andernorts bisweilen schon! - nicht gemacht. Jeder Hexenprozess wurde individuell verhandelt und entschieden.

Trotz ihrer individuellen Unterschiede, lassen jedoch die meisten Fälle ein relativ einheitliches „Standardverfahren" erkennen: Aufgrund einer Besagung, einer Anzeige oder eines Verdachtes nimmt der Amtmann ein Protokoll auf und schickt dies, mit der Bitte um weitere Anweisungen in dieser Angelegenheit, seiner Regierung. Diese lässt bereits jetzt einen Spruchkörper zur Rechtsbelehrung hinzuziehen oder sie weist den Amtmann von sich aus an, Erkundigungen über die verdächtige Person einzuziehen, mögliche Zeugen summarisch zu verhören, das Ergebnis an einen bestimmten Spruchkörper zu schicken und dessen Entscheidung erneut vorzulegen.

Der Spruchkörper erkennt bei ausreichendem Verdacht auf Verhaftung der verdächtigen Person und deren gütliche Befragung. Die Befragung erfolgt zum einen auf sog. „General-Fragstücke", die den allgemeinen Hexereiverdacht betreffen und in allen Verfahren gleich verwandt werden sowie zum anderen auf sog. „Special-Fragstücke", die individuell aus den summarischen Zeugenaussagen gewonnen werden und sich auf die konkreten Anschuldigungen beziehen. Falls die beschuldigte Person in der gütlichen Befragung leugnet, wird sie mit den Zeugen konfrontiert, die ihr nun einzeln ihre Anschuldigungen ins

Gesicht sagen müssen. Vor und nach der Konfrontation sind die Zeugen nochmals, jetzt aber unter Eid, auf die „Special-Fragstücke“ abzuhören.

Die Protokolle dieser Verhöre und Aussagen gehen wieder an den Spruchkörper zurück. Da die Inquisiten im gütlichen Verhör meist leugnen, erkennt dieser auf eine erneute, aber nunmehr peinliche Befragung „ziemlicher maßen“ (Bezeichnung für den Anwendungsgrad der Tortur). Vorher ist in der Regel nochmals eine gütliche Befragung, jedoch bereits im Beisein des Scharfrichters und seiner Instrumente, vorzunehmen.

Die Regierung bestätigt dieses Zwischenurteil und weist den Amtmann an, ihm nachzukommen. Der Amtmann führt mit dem Scharfrichter und dem zuständigen Gerichtspersonal die peinliche Befragung durch und sendet die Akten wiederum an den Spruchkörper.

Erfolgte im peinlichen Verhör ein Geständnis und wurde dies drei Tage später „extra locam torturae“ (außerhalb des Ortes der Tortur) gütlich bestätigt, erkennt der Spruchkörper „von Rechts wegen“ auf den Tod durch das Feuer. Die Bestätigung dieses abschließenden Spruches erfolgt zumeist durch den Landesherren persönlich, andernfalls durch die Regierung, und kann auch die Anweisung einer vorherigen Enthauptung enthalten.

Daraufhin setzt der Amtmann einen endlichen Rechtstag an, an dem das „Hochnotpeinliche Halsgericht“ gehegt wird. Hat die angeklagte Person vor dem Gericht ihr Geständnis, die sog. Urgicht, öffentlich wiederholt bzw. bestätigt, verkündet der Richter das bereits feststehende Urteil, bricht über ihr den Stab und lässt das Urteil vollstrecken.

Der Bericht des Amtmannes an die Regierung über die vollzogene Hinrichtung sowie eine genaue Abrechnung der aufgelaufenen Kosten schließen die Akte und das Verfahren in der Regel ab.

Auf diesem typischen Verfahrensweg sind bei jedem Schritt Unterschiede und Abweichungen möglich, denn natürlich verliefen nicht alle Hexereiverfahren genau gleich. Bei einigen reichten die vorliegenden Indizien nicht einmal zur Verhaftung, bei anderen legte ein Advokat Defension ein. Die einen Inquisiten gestanden bereits im gütlichen Verhör die abscheulichsten Übeltaten, andere hielten der peinlichen Befragung stand und wurden entlassen. Gelegentlich widerriefen sie auch ihre Geständnisse, und der Spruchkörper musste über eine erneute Tortur befinden.

Dieser verschiedenen Möglichkeiten ungeachtet, lässt das beschriebene „Standardverfahren“ doch mit: 1. Einleitung des Verfahrens und summarische Zeugenvernehmung, 2. Verhaftung und gütliches Verhör mit anschließender Konfrontation, 3. peinliches Verhör, 4. Urteil und endlicher Rechtstag, vier markante Verfahrensabschnitte erkennen, die im Folgenden etwas näher betrachtet und anhand einiger Quellenzitate illustriert werden sollen.

4.3. Einleitung des Verfahrens und summarische Zeugenvernehmung

Zur Einleitung eines Hexereiverfahrens finden sich in den Akten zwei unterschiedliche Möglichkeiten: Entweder es begann mit einer „Denunziation“, d.h. einer Anzeige aus der Bevölkerung, oder es entstand aus der „Besagung“ durch eine „andere Hexe“, also aus der gütlichen oder peinlichen Aussage einer Person, gegen die bereits ermittelt wurde.

Lag dem Amtmann eine entsprechende Anzeige aus der Bevölkerung vor, war er verpflichtet, die Untersuchung aufzunehmen und damit „ex officio“ (von Amts wegen) ein Inquisitionsverfahren einzuleiten. Bei einer Besagung wurde er dazu auf Grund der Aktenlage meist von seiner Regierung angewiesen, denn nach Artikel 31 der Carolina reichte eine Besagung zur Aufnahme eines Verfahrens bereits aus. Zwar bestand auch die Möglichkeit, dass dem Amtmann selbst etwas zu Ohren gekommen oder dass ihm eine lediglich anonyme Anzeige zugespielt worden war, doch finden sich - erstaunlicherweise - derartige Fälle in den Akten kaum.

Begann eine Untersuchung anlässlich einer Denunziation, also der Anzeige einer zumeist namentlich bekannten Person, so war in aller Regel ein vermeintlicher Schadenzauber Anlass der Verdächtigung. Die Frage nach der Teufelsbuhlschaft und den anderen Elementen des Hexereibegriffes wurde erst später im Rahmen der weiteren Untersuchungen gestellt.

War jedoch die, zumeist peinlich erzwungene, Besagung durch eine andere verdächtige Person das auslösende Moment der Inquisition, so standen natürlich zunächst Teufelsbuhlschaft und Hexentanz im Vordergrund. Die beiden vermeintlichen Hexen waren sich ja, laut Aussage der bereits verhafteten Person, auf dem Hexensabbat begegnet. Die Frage nach den anderen Teilnehmern am Hexensabbat gehörte zu den Standardfragen beim Verhör, und spätestens bei der peinlichen Befragung gaben die Inquisiten dann Namen angeblicher Komplizen zu Protokoll, d.h. sie „besagten“ diese.

Viele Prozessakten beginnen mit dem entsprechenden Zitat einer derartigen Besagung aus dem Geständnis einer bereits verurteilten oder sich noch in Haft befindlichen Person. Das Element des Schadenzaubers kam bei den auf diesem Wege eingeleiteten Verfahren dann pünktlich durch die anschließende Zeugenbefragung ins Spiel.

Diese erste Zeugenbefragung erfolgte „summarisch“, d.h. die befragten Zeugen gaben zunächst ganz allgemein zu Protokoll, was ihnen zur betreffenden Person bisher an Verdachtsmomenten aufgefallen war. Dabei konnte es durchaus auch vorkommen, dass sich die einberufenen Zeugen über die verdächtige Person positiv äußerten und das Verfahren bereits in diesem frühen Stadium eingestellt wurde - einstweilen zumindest, denn die einmal in Verdacht geratenen Personen blieben sowohl unter argwöhnischer Beobachtung der Behörden als auch ihrer Mitmenschen. Sobald sich zu einem späteren Zeitpunkt weitere Verdachtsmomente ergeben sollten, konnte das Verfahren ohne große Umstände wieder aufgenommen werden.

In den meisten Fällen waren die Aussagen der Zeugen für die Verdächtigen aber nicht günstig, selbst wenn sie gar keinen konkreten Tatverdacht vorzubringen wussten und nur meinten bestätigen zu müssen, dass die betreffende Person schon lange „im gemeinen Gerücht stehe“. Nach Artikel 44 der Carolina war dies allerdings durchaus als ein hinreichendes Indiz zu werten. Für diese Einstellung bezeichnend ist die Aussage: *„Er könne sie nicht gewiß beschuldigen, jedoch hielte er sie nicht vor unschuldig.“* [4]

4.4. Verhaftung und gütliches Verhör mit anschließender Konfrontation

Nach Abschluss der Zeugenvernehmung wurde das Protokoll mit der Bitte um Rechtsbelehrung an einen Spruchkörper geschickt. Befand der Spruchkörper, dass die Indizien im Sinne von Artikel 44 der Carolina *„von zauberey genugsam anzeygung“* gaben, so erkannte er auf Verhaftung der verdächtigen Person sowie deren gütliche Befragung.

Hielt er dagegen die Indizien nicht für hinreichend, so empfahl er etwa, dass *„zur Zeit in mangelung bestendiger undt redtlicher indicien wieder Sie ferner nichts fürgenommen werden“* möchte.[5] In der Praxis bedeutete dies keinesfalls, dass das Verfahren damit endgültig eingestellt war, sondern eben nur, dass es „zur Zeit“, sprich solange ruhte, bis sich weitere Verdachtsmomente fanden.

Da jedoch bei Zauberei die in der Carolina vor eine Verhaftung gesetzten Hürden nicht allzu hoch waren (siehe Artikel 44), findet sich in den meisten Akten für diesen Verfahrensabschnitt ein Spruch etwa folgenden Inhalts:

„Unsere freundliche dienste zuvor, Ehrnvester, Hochgelahrter, günstiger, guter Freundt.

Alß Ihr Unß die wieder Annen, Hanßen Leipolds Senioris Eheweib in der Ruhl ergangene inquisitions acta zugeschicket, undt darüber Unsere rechts berichtung gebeten, demnach sprechen wir vor recht: Daß Inquisitin in gefängliche hafft zu nehmen, undt über gewiße inquisitional articul zubefragen, undt im fall leugnens mit denen Zeugen zuconfrontiren. Wenn sie nun gleichwohl bey ihrem verneinen Verbleiben solte, sindt die Zeugen auff articul eydlich abzuhören, undt alles fleißig zuregistriren, auch bey den Pfarrherrn, ihres lebens undt Wandels halber erkundigung einzuziehen, worauff sodann ferner in der sache ergehet was recht ist, von rechts wegen.
Uhrkundlich mit Unserm Insiegel besiegelt.

Verordnete Dechant, Senior, undt andere Doctores des Schöppenstuhls zu Jehna.

M. Jan. 1686.“ [6]

Bevor ein solches Zwischenurteil (zwischen den einzelnen Verfahrensschritten gaben die Spruchkörper Zwischenurteile, sog. „Interlokute“ ab und zum Schluss ein Endurteil) im Amt ausgeführt wurde, musste es von der jeweiligen Landesregierung bestätigt werden, wozu gerne die folgenden Worte Verwendung fanden:

„Unß ist gebührend vorgetragen worden, was wieder [N.N.] zu Recht erkandt worden. Darauff ist hiermit Unser gnädigster befehlich, Du wollest selbigen buchstäblichen inhalts gebührend nachleben, und diese inquisitions-sache so viel an Dir beschleunigen.“ [7]

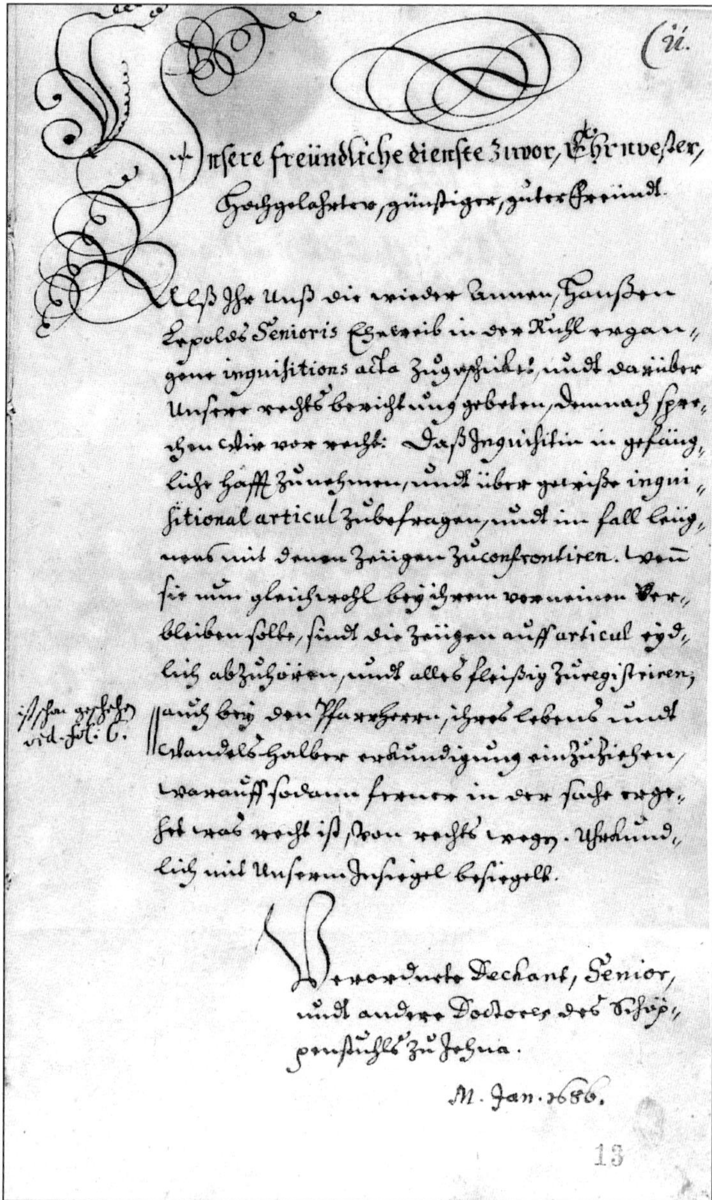
Unsere freündliche dienste zuvor, Ehrnvester, Hochgelahrter, günstiger, guter Freund.

Alß Ihr Unß die wieder Annen, Haußen Leipolds Senioris Eheweib in der Kühl ergangene inquisitions acta zugeschickt, undt darüber Unsere rechts belehrung gebeten, demnach sprechen Wir vor recht: Daß Inquisitin in gefängliche hafft zunehmen, undt über gewiße inquisitional articul zubefragen, undt im fall leügnens mit denen Zeügen zuconfrontiren. Wenn sie nun gleichwohl bey ihrem verneinen verbleiben solte, sind die Zeügen auff articul eydlich abzuhören, undt alles fleißig zuregistriren; auch bey dem Pfarrherrn, ihres lebens undt wandels halber erkündigung einzuziehen, worauff sodann ferner in der sache ergehet, was recht ist, Von rechts wegen. Uhrkundlich mit Unserm Insiegel besiegelt.

ist schon geschehen vid. fol. 6.

Verordnete Dechant, Senior, undt andere Doctores des Schöppenstuhls zu Jehna.

11. Jan. 1686.

13

Abbildung 4: *Zwischenurteil des Schöppenstuhles Leipzig auf Verhaftung und gütliche Befragung der Annen Leipold, in: Thüringisches Staatsarchiv Gotha, Geheimes Archiv, ZZ Xc, Nr. 1, fol. 13.*

Mit der Verhaftung verlagerte sich das Verfahren meist in eine größere Ortschaft, oft den Amtssitz, wo auch eine Möglichkeit zur Verwahrung der Inquisiten bestand. Da die Gefängnisstrafe damals noch nicht üblich war (sie sollte sich erst im 18. Jahrhundert durchsetzen), gab es derart verwendbare Lokalitäten nicht überall. Gelegentlich mussten die Inquisiten daher auch in der Landsknechtsstube oder an einem anderen Ort unter Aufsicht gehalten werden.

In der gütlichen Vernehmung folgten nach einigen Fragen zu den Personalien der Inquisiten zunächst die sog. „General-Fragstücke", mit denen in allen Verfahren relativ gleichförmig die typischen Punkte des Hexereiverbrechens abgefragt wurden. Es finden sich daher in nahezu allen Verhörprotokollen die Fragen:

- *Ob Sie das Hexen gelernet, wie, wo, wann und von weme?*

- *Ob Sie nicht, Gott und ihrem Tauffbund zu wieder mit dem Sathan einen Bund gemacht?*

- *Ob Sie sich vom Sathan nicht umbtauffen lassen?*

- *Ob Sie nicht mit dem Sathan unnatürlich unzucht getrieben?*

- *Ob Sie nicht das Heilige Abendmahl mißbraucht?*

- *Ob Sie nicht die Hexentäntze besucht?* [8]

Danach wurden die Inquisiten auf die sog. „Special-Fragstücke" vernommen, die vom Amtmann individuell aus den summarischen Zeugenaussagen formuliert werden mussten und die sich konkret auf die darin vorgebrachten Anschuldigungen bezogen.

Kam es bei diesem ersten gütlichen Verhör zu keinem Geständnis, was meist der Fall war, so wurden die Inquisiten nun mit den Zeugen konfrontiert. Bei dieser Zeugenkonfrontation saßen sich Inquisit und Zeuge gegenüber, und der Zeuge musste dem Inquisiten seine Beschuldigungen „in faciem“, also direkt ins Gesicht sagen. Der Inquisit hatte wiederum sofort auf diese Beschuldigung zu antworten. Mit dieser Auge in Auge praktizierten Übung glaubte man bei beiden Parteien ein bewusstes Lügen wenn schon nicht ausschließen, so doch aber zumindest erschweren zu können. Bei im Schnitt zehn bis zwanzig Zeugen können derartige Protokolle einige Dutzend Seiten füllen.

Doch nicht nur die sog. „guten Zeugen“ wurden mit den Inquisiten konfrontiert, auch den Wahrheitsgehalt von Besagungen suchte man bisweilen mit dieser Methode zu überprüfen:

„Confrontatio

Elsa Backhausin saget Martha Krausin in das gesicht, daß Sie mit ihr auff dem Brockenberge gewesen und neben der Glaserin geseßen auch daß Sie hiebevor mir ihr bekant gewesen.

Martha Krausin

Leugnet zwar, daß Sie mit der Backhausin und anderen auff dem Brockenberge solte gewesen seyn gestund dagegen, daß Sie mit ihr bekant gewesen und käme daher, daß in der bösen Zeit Sie mit der Backhausin immer Land umb die helffte bestellet gehabt, habe sonst nichts mit ihr zuschaffen.“ [9]

Geständnisse während oder nach der gütlichen Vernehmung bzw. der Konfrontation waren selten, kamen aber vor. In der Regel waren die Inquisiten in diesem Stadium des Verfahrens jedoch noch nicht gebrochen. Obwohl man aus heutiger Sicht meinen möchte, dass ihnen bewusst gewesen sein muss, was sie zu erwarten hatten, zeigten sich viele Inquisiten lange Zeit erstaunlich zuversichtlich. Sie beteuerten standhaft ihre Unschuld *„und* *stelleten es Gott und der hohen Obrigkeit anheime, was Urteil und recht bringen würde".*[10]

Wer nicht allein darauf vertrauen mochte, dass Gott die Verurteilung eines Unschuldigen schon nicht zulassen werde, konnte auch die Möglichkeit der Verteidigung, der sog. „Defension" wahrnehmen. Diese Defension konnte durch einen Advokaten oder auch einen Angehörigen eingebracht werden und war durchaus kein Privileg der Reichen. Für arme und mittellose Personen bestand nach Artikel 47 der Carolina die Möglichkeit, sich unentgeltlich einen rechtlichen Beistand vom Amt stellen zu lassen. Angenommen wurde diese Chance, die den Inquisiten bisweilen sogar nachdrücklich angeboten wurde, jedoch nur recht selten. Das ergebene Vertrauen in die von Gott legitimierte Obrigkeit und ihr Rechtssystem war meist stärker.

Kam es doch zu einer Verteidigung, war sie nur in wenigen Fällen erfolgreich, zumal die Möglichkeiten der Advokaten gering waren. Denn natürlich konnten und wollten sie in ihren Defensionsschriften nicht die Existenz des Hexereiverbrechens angreifen. Ansatzpunkte ihrer Verteidigung waren vielmehr inhaltliche Widersprüche in den Zeugenaussagen sowie eventuelle Verfahrensfehler.

Da die Übernahme einer Verteidigung in einem stets heiklen Hexenprozess bei den Advokaten nicht gerade beliebt war (wer wollte schon die Interessen vermutlicher Feinde Gottes vertreten?) und es für die vom Amt verordneten Verteidiger dabei auch nichts zu verdienen gab, zeigten sich diese in ihrer Arbeit auch nicht besonders eifrig. Doch auch die privat beauftragten Advokaten konnten ihre Mandanten viel zu oft nicht vor einem tragischen Schicksal bewahren, obwohl sie sich den Versuch gut bezahlen ließen.

4.5. Das peinliche Verhör

Nur wenige Inquisiten sahen sich veranlasst, im gütlichen Verhör oder in der Konfrontation ein (vor Gott und ihrem Gewissen falsches!) Geständnis abzulegen. Die vordem als hinreichend erkannten Indizien standen danach also weiterhin gegen die Angeklagten. Doch gemäß Artikel 22 der Carolina konnten die Inquisiten nur durch „eygen bekennen", sprich ein Geständnis, überführt werden.

Nach Studium der Protokolle des gütlichen Verhöres und der Zeugenkonfrontation erkannte der angerufene Spruchkörper bei weiterhin bestehendem Verdacht folglich, das Geständnis nun durch eine erneute, aber nunmehr peinliche Befragung erlangen zu lassen:

„Unsere freundliche dienste zuvor, Ehrnvester, Hochgelahrter, günstiger, guter Freundt.

Alß Ihr Unß die wieder Annen Hanßen Leipolts Sen. Eheweib ferner ergangene inquisitions acta zugeschicket, undt darüber Unsere rechts berichtung gebeten, Demnach sprechen wir vor recht: Daß bemelte Inquisitin nochmahls in der güte, in gegenwartt des Scharffrichters, undt seiner zur Peinligkeit gehörigen instrumente, auff die von ihr verneinte articul zubefragn, undt da sie gleichwohl bey ihrem verneinen verbleibet, über gemelte articul vermittels ziemlicher Tortur zuexaminiren. Wann dieselbe nun etwas gestehet, wirdt sie zwey oder drey tage hernach über ihrer Urgicht anderweit gerichtlich vernommen, undt ihre aussage fleißig nieder geschrieben, worauff sodann ferner ergehet was recht ist, von rechts wegn. Uhrkundlich mit Unserm Insiegel besiegelt.

Verordnete Dechant, Senior, undt andere Doctores des Schöppenstuhls zu Jehna.

M. Febr. 86." [11]

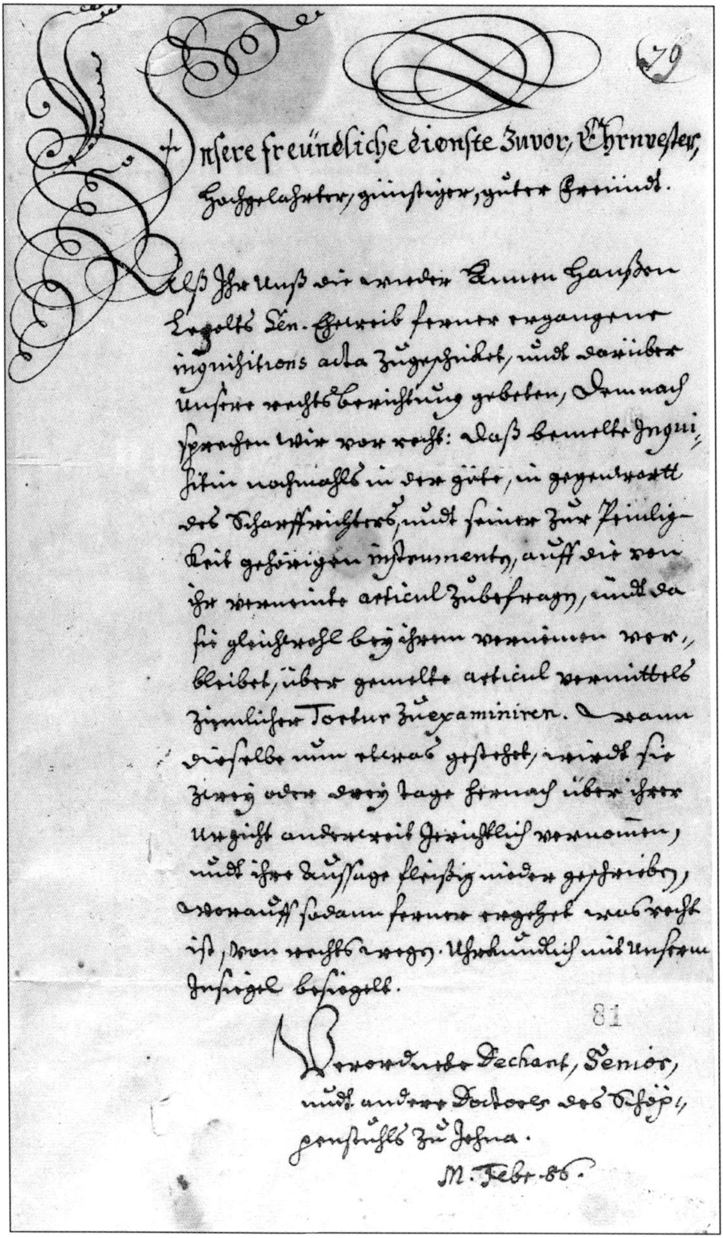

Unsere freündliche dienste zuvor, Ehrnvester, Hochgelahrter, günstiger, guter freündt.

Alß Ihr Unß die wieder Annen Hanßen Leypolts Sen. Schreib fernere ergangene inquisitions acta zugeschickt, und darüber unser rechtsbelehrung gebeten, Demnach sprechen Wir vor recht: Daß bemelte Inquisitin nochmahls in der güte, in gegenwartt des Scharffrichters, und seiner zur Peinligkeit gehörigen instrumenten, auff die von ihr verneinte articul zubefragen, und da sie gleichwohl bey ihrem verneinen vor bleibet, über gemelte articul vermittels ziemlicher Tortur zuexaminiren. Wann dieselbe nun etwas gestehet, wirdt sie zwey oder drey tage hernach über ihre Urgicht anderweit peinlich vernommen, und ihre Außsage fleißig nieder geschrieben, worauff sodann ferner ergehet was recht ist, Von rechts wegen. Uhrkundlich mit Unserm Insiegel besiegelt.

81

Verordnete Dechant, Senior, und andere Doctores des Schöppenstuhls zu Jhena.

M. Febr. 86.

Abbildung 5: Zwischenurteil des Schöppenstuhles Leipzig auf peinliche Befragung der Annen Leipold, in: Thüringisches Staatsarchiv Gotha, Geheimes Archiv, ZZ Xc, Nr. 1, fol. 81.

Neben dieser knappen Form des Torturinterlokutes (Zwischenurteil, in dem auf die Tortur erkannt wird) finden sich auch längere Varianten, in denen noch einmal alle Anklagepunkte aufgeführt oder etwa noch ergänzende Anweisungen gegeben werden. Im folgenden Quellenbeleg lässt der Schöppenstuhl Jena z.B. noch einmal typische „General-Fragstücke" abfragen:

„Unsere freundliche dienste zuvor, Ehrenvester, wohlgelahrter, günstiger, guter Freundt.

Alß Ihr Unß die wieder Elisabeth Centgräfin ergangene inquisition acta ferner zugeschicket, undt unsere Rechtsberichtung darüber gebeten, demnach sprechen wir vor recht: Das Inquisitin nocheinsten auf nachfolgende:
Ob sie nicht einen bund mit dem Satan gemacht?
Ob sie nicht die H. Dreyfaltigkeit verschworen?
Ob sie nicht mit dem Teuffel unnatürliche Unzucht getrieben?
Ob sie nicht das H. Abendmahl mißbrauchet?
Ob sie nicht die Hexentänze besuchet?
undt andere in actis befindliche von ihr verneinte inquisit. articul in beyseyn des Scharffrichters, undt seiner instrumenten anfangs in der güte, undt wenn sie nicht gleich zubekennet, vermittelst ziemlicher Tortur eigentlich zubefragen, soferner sie nun Hexerey bekennet, wirdt ihr den andern oder dritten tag hernach ihre gethane außage außerhalb des orts, do sie peinlich befraget worden, in beyseyn der Gerichtspersonen wieder vorgehalten, undt sie darüber vernommen. Wenn nun solches alles fleißig beobachtet undt ad acta registriret wirdt, sodann ergehet ferner was recht ist, von Rechts wegen. Uhrkundlich mit Unserm Insiegel besiegelt.

Verordnete Dechant, Senior, undt andere Doctores des Schöppenstuhls zu Jehna.

M. April. 1676." [12]

Nach einem nochmaligen gütlichen Verhör im Beisein des Scharfrichters soll bei Leugnen der Inquisiten ein peinliches Verhör „ziemlicher Maßen“ stattfinden; ein Geständnis ist drei Tage später außerhalb des Ortes der Tortur zu wiederholen.

Da sich tatsächlich nur wenige Inquisiten von diesem gütlichen Verhör im Beisein des Scharfrichters, der sog. Territion, bei der der Scharfrichter zunächst nur seine Instrumente vorführte und ihre Wirkung erklärte, ohne sein Opfer damit anzugreifen, abschrecken und zu einem Geständnis bewegen ließen, kam es in den meisten Fällen konsequent zur angedrohten Tortur. Nach Artikel 58 der Carolina sollte die Tortur keinesfalls willkürlich, sondern nach Vorgabe eines Richters bzw. Spruchkörpers vorgenommen werden, doch lässt der Text hier einen recht großen Spielraum:

„Von der maß peinlicher frage: 58. Item die peinlich frag soll nach gelegenheyt des argkwons der person, vil, offt oder wenig, hart oder linder nach ermessung eyns guten vernünfftigen Richters, fürgenommen werden, und soll die sag des gefragten nit angenommen oder auffgeschriben werden, so er inn der marter, sondern soll sein sag thun, so er von der marter gelassen ist.“

Die Spruchkörper entschieden in fast allen Fällen auf den zweiten, den mittleren Grad der Tortur, den sie mit den Worten „ziemlicher maßen“ anzuzeigen pflegten („ziemlich“ nicht im Sinne von ziemlich hart, sondern eher von geziemend bzw. angemessen). Nur selten wurde eine andere Formulierung gebraucht oder auf einen anderen Grad der Tortur erkannt. Lediglich bei alten und gebrechlichen Inquisiten erfolgte bisweilen eine besondere Ermahnung zur Rücksichtnahme auf deren Leibeszustand.

Doch die genaue Abstufung der verschiedenen Grade der Tortur war offenbar nicht in allen Ämtern bekannt und musste daher gelegentlich von den Spruchkörpern in Erinnerung gerufen werden:

„Und wirdt sonsten nach gemeinem wahn der bewehrten Rechtslehrer dieser Unterschied bey dem angriff der Verbrecher auch in diesem Collegio gehalten, das derselbe in Territionem et Torturam abgeteilet.

Ferner in Territionem drey Unterschiedene grad in obacht genommen wordten,

Der Erste Grad bestehet in territione mere verbali, so mitt diesen worten angezeigt wird, wann der Gefangene dem Scharfrichter solle vorgestellet und durch denselben als solte undt wolte er ihn angreifen, iedoch unangegriffen in gühten befragen wordten,

Der ander grad besteht darin, das der Scharfrichter den gefangenen mag ausziehen, entblösen, zur leiter führen, die zur Peinlichkeit gehörigen instrumenta vorzeigen, auch do nötig, ihm gewalt gegeben wird, die Daumenstöck anzulegen und damit zuzuschrauben,

Der Dritte Grad wirdt bey der territion exequiret, wann dem Scharfrichter ferner mit den Schnüren den Anfang zu machen verstattet wirdt.

Bey der rechten tortur aber sindt wider drey unterschiedene Grad in acht zu nehmen, und wird der erste Grad exequiret, wann dem Scharfrichter nach denen Daumenstöcken, auch mitt denen bandten zuzuschnüren nachgelassen wirdt, der ander grad wirdt damit angeteudet, wann dem Delinquenten die scharffe Frage zimlicher massen oder das er mit der schärffe zimlicher weise angegriffen werden soll, zuerkannt, da dann ein Inquisit durch den Scharfrichter anfänglich mit den Schnüren angegriffen, damit zugeschnüret, und da ferner solche bey ihm nichts fruchten, er alsdann auff die leiter gespannet, ihm die Spanischen Stiefel oder beinschrauben angelegt, ein Zeitlang in Suspenso gehalten und hernah wieder zwey oder drey Sprossen niedergelassen, dadurch dann die ihm zimlicher weise oder zimlicher massen zuerkannte Scharffe Frage zur genüge vollstreckt wirdt, wie dann auch sonsten dem Scharfrichtern nicht unbewußt sein wirdt, wie und uf was maße auch mit was Instrumenten er die zimliche scharffe Frage vordessen an anderen dergleichen personen und Inquisiten hatt pflegen zu exequiren.

Wurdten aber die wortte zimlicher massen oder zimlicher weise ausgelassen und nur die scharffe Frage ohne ferneren anhang zuerkannt, so hat der Scharffrichter diese Macht und Gewalt, das er den Inquisiten nebenst vorgesetzten Peinlichkeiten auch mit dem Feuer, als angezündtem Schwefel und Kiehn auch sonsten mit anderen üblichen und gewohnlichen scharffen Mitteln angreiffen mag iedoch das dem Inquisiten dadurch an seinem Leben kein Schadt zugefuget werde, welches denn sonst in zimlicher scharffer Frage nicht geschehen soll, von Rechts wegen. Zu uhrkundt mitt unserem Insiegel besigelt,

Chur-fürstl. Sächs. Schoeppen zu Leipzigk [März 1658].“ [13]

Soweit es sich anhand der in den Akten enthaltenen Protokolle peinlicher Befragungen nachvollziehen lässt, wurde in Thüringen der hier skizzierte „modus torquendi“ eingehalten. Dass es auch Ausnahmen gab - ob aus Unwissen oder aus Absicht -, ist mit einigem Recht anzunehmen, denn sonst hätte die Einhaltung der Regeln nicht immer wieder angemahnt werden müssen. Doch auch der hier beschriebene, reguläre Modus war grausam genug. Wohl sollte die Tortur von den Spruchkörpern so bemessen und vom Scharfrichter so verübt werden, dass sie zwar den vermeintlich verstockten Inquisiten zu einem Geständnis veranlasse, dieser dabei aber gleichwohl an Leib und Leben möglichst unbeschadet bleibe, doch die schmerzhafte Realität der Praxis vermochte dem Anspruch dieser (aus heutiger Sicht) naiven Theorie kaum zu folgen.

Dafür steht schon allein das Schicksal der gut 100 Personen, die in thüringischen Hexenprozessen während der Haft ihr Leben ließen. Sie verstarben während der peinlichen Befragung oder Tage später an den Folgen der Tortur. Einige nahmen sich auch in der ihnen hoffnungslos erscheinenden Lage mit eigener Hand das

Leben oder sie erlagen, physisch und psychisch gebrochen, den elenden Haftbedingungen.

In den Akten kaschierte man solche „Betriebsunfälle", die ja weder auf die eine noch auf die andere Art hätten vorkommen dürfen, mit der Formulierung, dass dem Inquisiten *„vom Teufel der Hals umgedrehet"* oder *„vom bösen Feind das Genicke zerquetschet"* worden sei. Mit dieser wahrhaft „teuflischen" Umschreibung war das Gerichtspersonal bei einem in der Tortur oder Haft verschuldeten Todesfall kaum angreifbar.

Diese Schicksale vor Augen, ist es andererseits aber auch erstaunlich zu sehen, dass nicht wenige Angeklagte die Tortur überstanden haben, ohne sich ein Geständnis abpressen zu lassen, ja im Extremfall am Ende noch *„nach ausgestandener Tortur ihr Gespött uff den Meister"* (den Scharfrichter) hatten.[14] Ihnen gelang es durch das Überstehen der Tortur, sich von den gegen sie vorgebrachten Indizien zu „reinigen" und diese damit zu tilgen.

Zwar blieb der Makel des Hexereiverdachtes trotz offiziell erfolgreicher Reinigung weiterhin an ihnen haften, doch mit ihrem standhaften Leugnen bei der peinlichen Befragung hatten sie die einzige reale Chance genutzt, in diesem späten Stadium des Verfahrens noch ihr Leben zu retten. Dies kam häufiger vor, als man heute vielleicht meinen mag, doch zur damaligen Zeit lernten die Menschen Schmerz und Leid nicht erst in der Folterkammer kennen: Das Leben war hart und die Menschen entsprechend hart im Nehmen.

In den meisten Fällen gelang es dem Scharfrichter jedoch, durch die zwar wenig spektakuläre aber bewährt wirkungsvolle Anwendung von Daumenstöcken und Beinschrauben, das zur Verurteilung benötigte Geständnis zu erlangen. Nach Artikel 56 der Carolina musste dieses Geständnis, die sog. „Urgicht", drei Tage später noch einmal freiwillig wiederholt werden, womit man ein allein durch die Tortur erzwungenes, falsches Geständnis ausgeschlossen zu wissen meinte. Gerade die zahlreichen Hexereigeständnisse machen die Fehlerhaftigkeit dieser Logik offenbar.

4.6. Urteil und endlicher Rechtstag

Die meisten Inquisiten wurden durch die Tortur gebrochen und waren bereit, das ihnen darin abgepresste Geständnis zwei oder drei Tage später gütlich zu wiederholen. Widerrufe, also die Zurücknahme der bereits abgelegten Geständnisse, hatten eigentlich immer ein nochmaliges peinliches Verhör zur Folge und waren eher selten. Allerdings eröffnete ein Widerruf die Möglichkeit, vielleicht die erneute Tortur auszuhalten ohne ein Geständnis abzulegen und damit die vorliegenden Indizien endlich zu entkräften.

Die Akten mit dem Protokoll der peinlichen Vernehmung und der im Falle eines Geständnisses gütlich bestätigten Urgicht wurden nun ein letztes Mal an einen Spruchkörper gesandt, der daraufhin das Endurteil aussprach. Hatten die Inquisiten ihre einzige wirkliche Chance genutzt und die Tortur ausgestanden, ohne ein Geständnis abgelegt zu haben, so erkannte der Spruchkörper für gewöhnlich auf deren Entlassung oder einen Amts- bzw. Landesverweis, was meist in recht knapper Form geschah:

„*Unsere freundliche dienste zuvor, Ehrnvester, Hochgelahrter, günstiger, guter Freundt.*

Alß Unß die wieder Annen Leipoldin ferner ergangene inquisitions acta zugeschicket, undt darüber Unsere rechtsberichtung begehret worden, Demnach sprechen wir vor recht: Daß bemelte Inquisitin, gestalten sachen undt umbständen nach, mit der Landesräumung zubelegen, auch ist dieselbe die auffgelauffene Uncosten abzustatten schuldig, von rechts wegen.
Uhrkundlich mit Unserm Insiegel besiegelt.

Verordnete Dechant, Senior undt andere Doctores des Schöppenstuhls zu Jehna.

M. Febr. 86.“ [15]

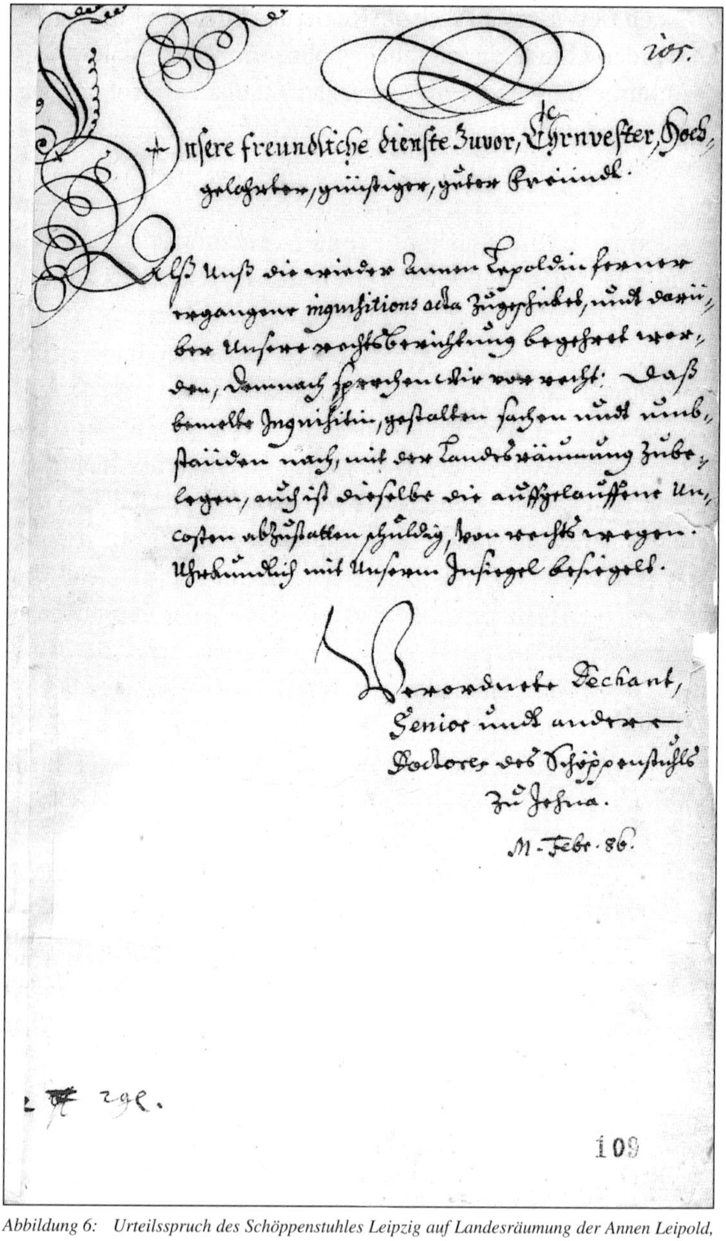
109.

Unsere freundtliche dienste zuvor, Ehrnvester, Hochgelahrter, günstiger, guter freundt.

Als Uns die wieder Annen Leipoldin fürnehme ergangener inquisitions acta zugeschickt, und darüber Unsere rechtsbelehrung begehret worden, demnach sprechen wir vor recht: Dass bemelte Inquisitin, gestalten sachen und umbstenden nach, mit der landesräumung zu belegen, auch ist dieselbe die auffgelauffene Uncosten abzustatten schuldig, von rechts wegen. Uhrkundlich mit Unserm Insiegel besiegelt.

Verordnete Dechant,
Senior und andere
Doctores des Schöppenstuhls
zu Jhena.

11. Febr. 86.

109

Abbildung 6: Urteilsspruch des Schöppenstuhles Leipzig auf Landesräumung der Annen Leipold, in: Thüringisches Staatsarchiv Gotha, Geheimes Archiv, ZZ Xc, Nr. 1, fol. 109.

Nach Bestätigung durch die Regierung oder den Landesherren wurden Urteile dieses Inhaltes ohne großen formalen Aufwand ausgeführt. Die Entlassung der Inquisiten erfolgte „auf Urphede“, also auf das Versprechen hin, sich für die während der Haft erlittenen Leiden nicht rächen zu wollen.

Erkannten die Schöppen jedoch auf eine Todesstrafe, so fassten sie in ihrem Urteilsspruch gerne auch noch einmal den wesentlichen Teil der Urgicht zusammen, sodass die Endurteile oft entsprechend umfangreich (und interessant!) ausfallen:

„Unser freundtlich Dienst zuvorn, Ehrenvester, wohlgelarter, gutter Freundt, Alß Ihr Uns Fürstliche Sächsische Magdeburgische gnädigste Befehliche in originali der gefangenen Elisabethen Jacob Backhausens Wittben Peinliches undt güttliches bekendtnüs sampt anderen registraturen undt einer fragen zugeschicket, undt Euch des rechten darüber zubelernen gebeten habt. Demnach sprechen Wir Churfürstliche Sächsische Schöppen zu Leipzigk darauf vorrecht, Hatt Inquisitin in ziemlicher scharffer frage bekant undt gestanden, daß Sie sich mit dem bösen feinde verbunden, undt zu dreyen unterschiedenen mahlen mit Ihme unmenschliche fleischliche unzucht getrieben, undt ob Sie zwar solch bekendtnüs noch bey wehrender tortur wiederruffen, hatt Sie doch drey wochen hernach guttwillig wiederumb bekennet, daß Sie sich der Hexerey zwey Jahr hero befließen, mit dem bösen feinde sich verbunden, Gott und sein wortt verschworen, die tauffe von dem bösen feinde angenommen, undt unzucht mit Ihme getrieben, sowohl Daniel Scheiden undt seine pferde bezaubert, Ingleichen Hansen Salzmanns kindt durch Zauberey getödtet, Auch ferner ihre leibliche Tochter, Margrethen, von zwölff Jahren dem bösen Geiste zugeführet, Von deme dieselbe gleichfalls die tauffe angenommen, deßen Sie auch allerdings gestendig, nach mehren inhalt der überschickten Acten.

So nun Inquisitin auff solchen ihren gethanen gekentnüs vor öffentlich gehegten peinlichen Halßgerichte nochmahl freywillig verharren, oder des sonsten, wie rechtt, überführet würde,

So möchte Sie von wegen solcher mit dem bösen feinde gehabten gemeinschafft auch begangenen undt bekanten unmenschlichen unzucht undt Zauberey mit dem fewer Vom leben zum tode gestrafft werden, [...],
Von rechts wegen, Zu uhrkundt mit unserm Insiegell versigelt

Churfürstliche Sächsische Schöppen zu Leipzigk,

M. Jul: 1659.3 Thlr. 2 gl.“ [16]

Die Bestätigung der Endurteile geschah nicht, wie bei den Zwischenurteilen üblich, durch die Landesregierung, sondern war dem Landesherren vorbehalten. Zumindest bei Todesurteilen trug sie auch dessen Unterschrift. Für gewöhnlich wiesen die Landesherren in ihren Urteilsbestätigungen den Amtmann an, einen sog. endlichen Rechtstag anzusetzen und das Urteil „seines buchstäblichen Inhalts nach“ auszuführen. An diesen formal einheitlichen Teil schließt sich gelegentlich noch die Verfügung an, dass den Verurteilten vor der Verbrennung die Gnade der Enthauptung zuteil werde.

Verblieb es bei der von den Schöppen zuerkannten Todesstrafe durch das Feuer, so ordneten einige Landesherren noch die „zur Verkürzung der Pein bekannten Maßnahmen“ an, worunter in Thüringen die heimliche Strangulation durch den Scharfrichter verstanden wurde. Aus anderen Regionen des Reiches ist auch das vorherige Betäuben der Verurteilten mit Schwefel bekannt oder das Umhängen von kleinen Pulversäckchen, die bei Erhitzung explodierten. Manchmal erfolgte diese Anweisung nicht in der formellen Urteilsbestätigung, sondern sozusagen inoffiziell unter „PS“ auf einem kleinen, der Urteilsbestätigung beiliegenden Zettelchen. Der Amtmann musste diese Anweisung dann persönlich an den Scharfrichter weitergeben, welcher ihr bei der Vollstreckung des Urteils möglichst unbemerkt nachzukommen hatte.

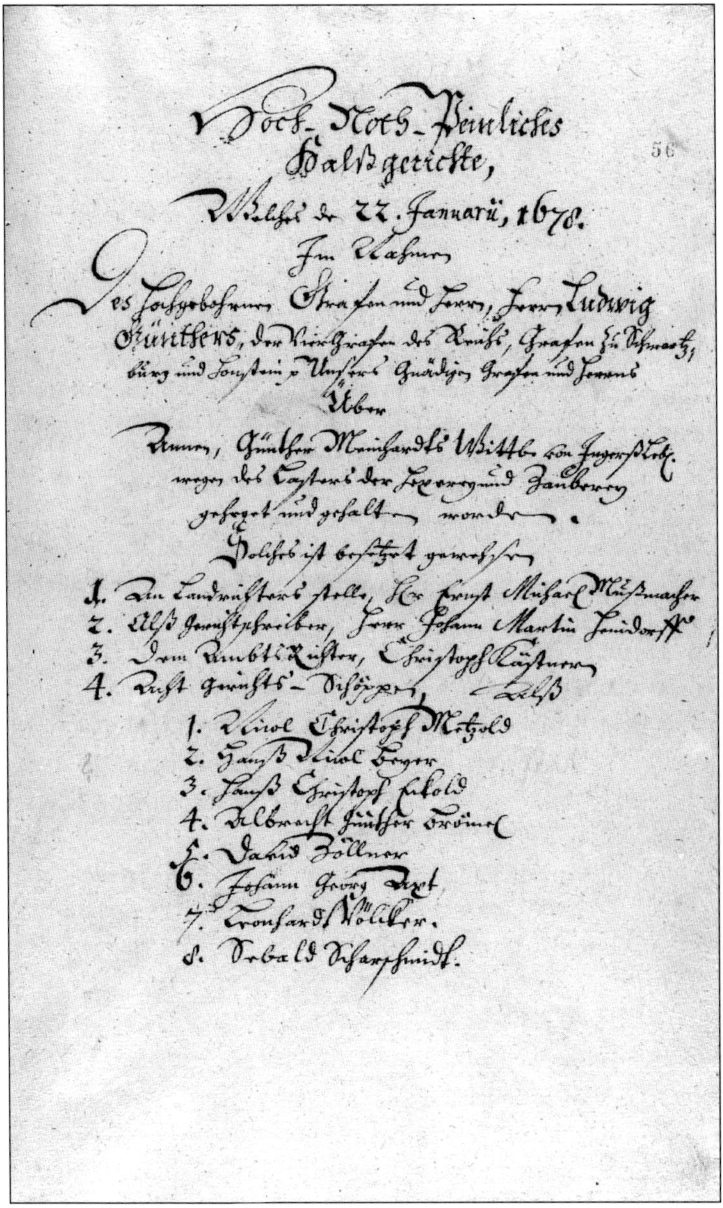

Abbildung 7: *Erste Seite des Protokolles eines Peinlichen Halsgerichts wegen Hexerei und Zauberei in der Grafschaft Gleichen im Jahre 1678, in: Thüringisches Staatsarchiv Gotha, Untergrafschaft Gleichen, Nr. 179, fol. 56.*

Hatte der Amtmann die Bestätigung des Urteiles erhalten, setzte er am Ort einen endlichen Rechtstag an, an dem das „Hochnotpeinliche Halsgericht“ gehalten und das Urteil vollstreckt werden sollte. Da das Urteil ja bereits feststand, kam dieser Gerichtssitzung - die noch aus einer Zeit stammte, als auf dem endlichen Rechtstag tatsächlich Urteile gefällt wurden - zwar keinerlei entscheidungsfindende Rolle mehr zu, doch bedeutungslos war sie damit nicht geworden. Die öffentliche, und nach altem Zeremoniell durchgespielte Veranstaltung führte den in stets großer Zahl anwesenden Besuchern den zwangsläufigen Sieg von Wahrheit und Recht vor Augen und war damit eine wichtige Demonstration und Stütze landesherrlicher Macht.

Am Schluss des Schauspiels, bei dem von allen Beteiligten genau festgelegte Formulierungen gebraucht werden mussten, wurde das Urteil verkündet, über dem Delinquenten der Stab gebrochen, die Gerichtsbank umgestoßen und schließlich das Urteil vollstreckt.

Nicht zuletzt wegen der abschließenden Exekutionen ist zu den endlichen Rechtstagen stets *„eine sehr große menge volcks erschienen“*, bisweilen sogar *„des unfreundlichen Wetters ohngeachtet“*.[17] Die Zeit war arm an Unterhaltung und Abwechslung, und gerade eine Hexenverbrennung ließ sich niemand ohne Grund entgehen. Als für den Unterhaltungswert einer solchen Hinrichtung bezeichnend, sei hier nur die Beschwerde des Centgrafen zu Heldburg über die unspektakuläre Amtsausführung des Scharfrichters zu Coburg angeführt:

„[...berichte] ich wegen des Scharfrichters zu Coburgk Hans Schnallern, wie er vorige und itzige execution an denen allhier ingeseßenen Hexenweibern und Scheffern zu Heldtburgk verrichtet. Belanget die 5 verbranden weiber, hatt er die eine, gesprochenen Urtell gemeß, zwart gantz erschrocken, undt rechtsamb, mit dem Schwert wohl gerichtet, aber die Holtzhauffen kann er weitt nicht also zusammenbringen, alß wie der Scharffrichter zum 30acker [Ort bei Meiningen] seine pflegt zu machen, setzett auch

die Persohnen alzutief, das man keine siehett, under welchen lebendig verbrannt vier weibern nur zwo, alß die erste und letzte mit schreihen gehörett worden, von den andern zwoenen, deren ihre Holtzhauffen durch das regenwetter ziemblich naß undt feucht gemacht, und übel anzuzünden geweßen, haben nicht geschrien, ob nun gemelter Scharfrichter solche mit den Ketten zu hart angezogen, oder wie ers mit ihnen gemacht, hat man, weil dieselben in Holzhaufen tief innen gesessen, nicht sehen und vermercken können, doch ist er hierüber von mir sobalden zur redte gesetzet, und gefragt worden, wie solches zugehe, das sich keine mit schreien hören lassen, [...]." [18]

Die Leute gingen zu einer Hinrichtung, um etwas zu sehen, zu hören, zu erleben - mit Mitleid konnten die Verurteilten nicht rechnen. Jedermann hielt sie der Hexerei (bzw. des ihnen angelasteten Verbrechens) für schuldig, zumal sie dies in ihrem Geständnis, das vorher noch einmal öffentlich wiederholt worden war, ja selbst zugegeben hatten.

Der Ablauf der Exekution wird in den Akten nicht geschildert. Nur bei besonderen Vorkommnissen findet sich ein diesbezüglicher Vermerk, wie etwa in einem Fall aus Tenneberg, bei dem die Inquisitin sich vor der Hinrichtung *„mit dem trunck über gebühr beladen"* hatte.[19] Eine formale Nachricht des Amtmannes an die Regierung über die erfolgreiche Vollstreckung des zuerkannten Urteils, der in der Regel auch eine genaue Kostenaufstellung beiliegt, bildet normalerweise den Schluss der vollständig erhaltenen Akten.

Seltener sind dagegen die Berichte der Pfarrer über ihren letzten Besuch bei den Verurteilten. Doch der lässt sich gelegentlich auch in den Abrechnungen über die Kostenstelle für den Geistlichen erschließen, *„so die Gefangene besucht, gedröstet, auch der Exekution beigewohnt"*.[20]

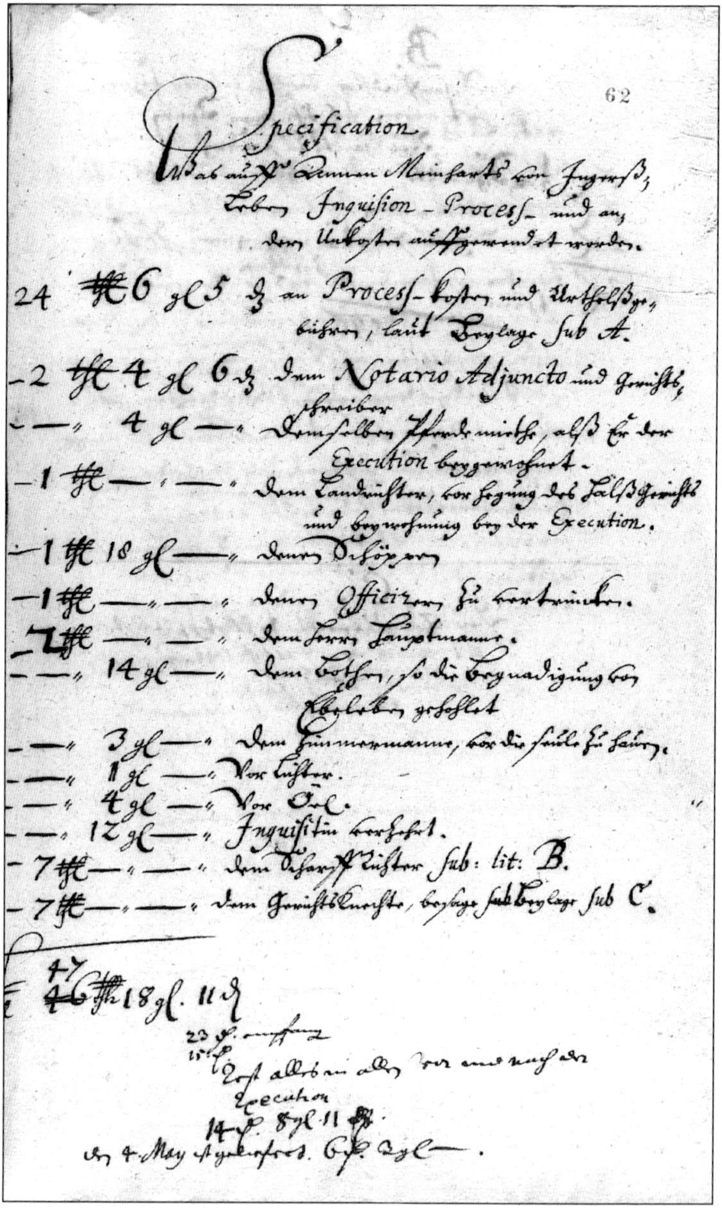

Abbildung 8: Zwei Seiten aus der Kostenaufstellung in einem Hexenprozess in der Grafschaft Gleichen im Jahre 1678, in: Thüringisches Staatsarchiv Gotha, Untergrafschaft Gleichen, Nr. 179, fol. 62f.

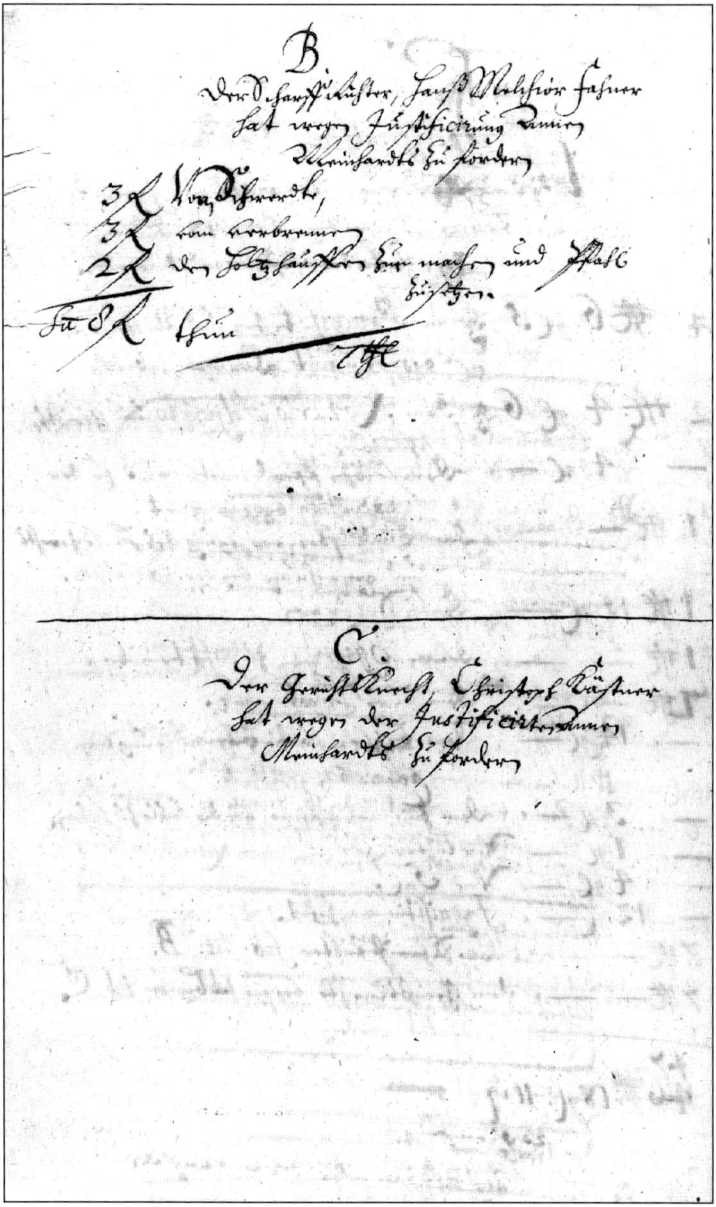

B

Der Scharpfrichter, Hanß Melchior Fahner
hat wegen Justificirung Annen
Meinhardts zu fordern

3 fl Vom Schwerdt,
3 fl vom verbrennen
2 fl der Holtzhauer für machen und Pfahl
zusetzen.
Sa 8 fl thun
Thl

C

Der Henckersknecht, Christoph Fäsner
hat wegen der Justificirten Annen
Meinhardts zu fordern

4.7. Die Ausgänge der Verfahren

Von den über 1.500 ermittelten Hexenprozessen im Thüringer Raum ist bei ca. 1.200 auch der Ausgang des Verfahrens bekannt, während er in gut 300 Fällen offen bleibt. Diese „offenen Fälle“ ergeben sich zumeist aus einer lückenhaften Quellenlage, denn nicht jeder Hexenprozess ist von Anfang bis Ende genau dokumentiert. Doch in vier von fünf Fällen sind wir über den Ausgang des Verfahrens unterrichtet. Von diesen 1.200 Fällen endeten ca. 75 Prozent tödlich, sodass für Thüringen gut 900 Opfer der Hexenverfolgungen gezählt werden können.

Ungefähr die Hälfte aller Inquisiten (von den 1.200) hat man verbrannt, weiteren elf Prozent wurde vor der Verbrennung die Gnade der Enthauptung zuteil; andere Todesstrafen waren selten. Erkannten die Spruchkörper auf den Tod durch das Feuer, so geschah dies für gewöhnlich mit den Worten:

„Woferne nun dieselbe auff diesem ihrem gethanen bekäntniß vor öffentlich gehegten peinlichen gerichte verharret, So wirdt sie wegen solcher begangenen undt gestandenen Zauberey undt Mißethaten mit dem Feuer vom leben zum Tode gestraffet, Von Rechts wegen.
Uhrkundlich mit Unserm Insiegel besiegelt.“ [21]

Die erste Verbrennung einer Hexe ist in Thüringen für das Jahr 1536 in Sangerhausen belegt, die letzte (ohne vorherige Enthauptung) für das Jahr 1700 in Frauenbreitungen.

Von immenser Wichtigkeit für das Seelenheil der Verurteilten war eine vor der Verbrennung vollzogene Enthauptung. War die Seele beim direkten Feuertod unweigerlich zum ewigen Fegefeuer verdammt, so bestand bei einer vorherigen Enthauptung zumindest die Hoffnung auf spätere Auferstehung und Einzug ins Paradies. Außerdem galt der Tod durch das Schwert als ehrenvolle Strafe, und viele Inquisiten schlossen daher ihr Geständnis mit der Bitte um die Gnade einer vorherigen Enthauptung. Die Gewährung dieses Gnadenaktes war allein dem Landesherren vorbehalten, doch in einigen Fällen - wenn die Inquisiten z.B. ohne Tortur geständig waren - wurde er von den Spruchkörpern in ihren Endurteilen bereits vorgeschlagen:

„So würde Sie iwegen solcher bekandten Hex- und Zauberey, und dadurch underschiedlichen Menschen und Vihe zuegefügten Schadens, so sich in Warheit also befunden, mit dem Feuer, oder, so die hohe Oberkeit ihr gnad erzeigen wolte, mit dem Schwerdt vom leben zum Todt gericht und gestraffet, und der Cörper alßdann mit feuer verbrandt.“ [22]

Meistenfalls wurden derartige Empfehlungen von den Landesherren auch aufgegriffen und in ihren Urteilsbestätigungen weitergegeben.

Ein Hexenprozess konnte aber auch ein tödliches Ende nehmen, ohne dass vorher ein Todesurteil gefällt worden wäre. Gut acht Prozent der Inquisiten erlebten den offiziellen Abschluss ihres Verfahrens nicht: Sie verstarben während der Tortur oder wenig später an deren Folgen. Einige erlagen auch den elenden Haftbedingungen oder nahmen sich in ihrer hoffnungslosen Lage das Leben.

Doch nicht alle Hexenprozesse endeten tragisch. Jede vierte in ein Hexereiverfahren verwickelte Person kam mit Landesverweis oder Freispruch, also zumindest mit dem Leben davon. Bei einem Landes-, Amts-, oder Stadtverweis, den gut sieben Prozent der Inquisiten erhielten, formulierten die Spruchkörper meist wie folgt:

„Dieweil verhaffte Barbara Kilianin in scharffer frage verhalten, So mag in mangelung anderer undt crefftiger indicien wieder dieselbe ferner mit der scherffe nichts vorgenommen werden. Sie wirdt aber gleichwol gestalten sachen nach des Landes

ewig verwiesen, undt ist hierüber die gerichtsexpensen abzutragen schuldigk, Von Rechts wegen zu urkundt mit dem unß zugestelten Insigill becrefftiget.“ [23]

Zwar hatten sich viele Inquisiten durch das Überstehen der Tortur - juristisch gesehen - vom Verdacht der Hexerei gereinigt, doch im täglichen Leben waren sie ihn damit noch lange nicht los. Der Makel eines Hexereiverdachtes war kaum wieder zu entfernen und haftete an ihnen und ihren Familien oft über Generationen. In vielen Zeugenaussagen findet sich der Hinweis, dass bereits Mutter oder Großmutter der Inquisitin als Hexen berüchtigt oder gar angeklagt waren.

Die einmal Verdächtigen wurden mitsamt ihren Angehörigen in der Gemeinde ausgegrenzt und mussten oft lange Jahre um ihre gesellschaftliche und berufliche Existenz kämpfen. Es lag daher durchaus im Interesse der örtlichen Behörden, ihre derart belasteten und verrufenen Mitbewohner zur Vermeidung von Unruhe und Ärgernissen in der Gemeinde möglichst aus dem Gesichtskreis zu verbannen.

Neben diesen Verwiesenen wurden aber auch zahlreiche Inquisiten (gut 16 Prozent) ganz regulär entlassen und durften vor Ort bleiben. Ihnen konnte im Moment nichts oder nicht genug nachgewiesen werden. Mit einer Entlassung war jedoch nicht immer auch automatisch ein „echter“ Freispruch und damit die Beendigung des Verfahrens verbunden. In vielen Fällen erfolgte die Entlassung unter der Auflage, *„auf erfordern vor Gericht iederzeit sich zu stellen“*.[24] Sie blieben unter argwöhnischer Beobachtung ihrer Mitmenschen und der Behörden, und sobald sich neue Verdachtsmomente ergeben sollten, konnte ihr Verfahren jederzeit sofort wieder aufgenommen werden.

5. Die Beschuldigungen im Hexenprozess

Einen guten Überblick über die in den Hexenprozessen erhobenen - und letztlich auch gestandenen - Beschuldigungen bieten die Endurteile der Spruchkörper, da in ihnen die wesentlichen Teile der Urgicht noch einmal aufgeführt werden:

„Unsere freundliche dienste zuvor, Ehrnvester, wohlgelahrter, günstiger, guter Freundt.

Alß Ihr Unß die wieder Marthen Lanzin, Hansen Lanzens Eheweib ergangene inquisition acta fernerweit zugeschicket, undt unsere Rechtsberichtung darüber gebeten, Demnach sprechen wir vor recht: Hatt bemelte Inquisitin gestanden undt bekant, daß sie Gott undt sein Reich verschworen, von dem bösen feinde zwey Ducaten empfangen, sich von demselben in ihrem hoff auß einem Scherben, worauß ihre Hüner gesoffen, in des Teuffels Nahmen zum ewigen Verdamniß tauffen laßen, auch von demselbn, nach dem er ihr eine Maulschelle gegeben, sobaldt am linken Augenwinckel gezeichnet worden, mit dem bösen feindt unnatürliche unzucht getrieben, wovon sie 3. mißgeburten bekommen, deren 2. bey dem Kohlsteig unter Hohekirchen in dem Dümpffel geworffen, den dritten jungen Teuffel oder geburt aber zu Pulver gebrant, damit Menschen undt Viehe gesterbet, das H. Abendmahl, wann sie zum Tisch des Herrn gewesen, undt nach Hauße kommen, uff vorgehendes schmeißen undt tretten des Satans von sich gegeben, undt solches hernach wiederumb in des Teuffels Nahmen zu sich genommen. Die Hexentänze besuchet. Von obgedachtn Pulver etwas in des Teuffels Nahmen vor die Thürschwelle in ihrem Hauß gestreuet, undt vermittelst deßn Elisabeth Roßmannin umbgestoßn undt lahm gemacht, derselben auff einem Stücklein brodt solch Pulver beygebracht undt dieselbe dadurch stumm gemachet, vermittels solches Pulvers derselben im Brauhauße Läuse angemachet, auch durch eben dieses Pulver, so sie auff einen Kuchen gestreuet, undt solchen ihrer Stiefftochter Even in ihr eigen Hauß gebracht, gedachte ihre Stiefftocher, undt zwar darumb, daß sie noch etwas Erbtheil haben wolln, zu Tode gehexet, undt gesterbet. Ferner Hanßen Wagner dergleichen Pulver, alß deßn Tochter bey ihr Kofent geholet, in seine Kanne gethan, undt denselben dadurch gesterbet, auch dergleichen Pulver in ihres Nachbars, Hanßen Tanzens Spülichfaß in des Teuffels nahmen geworffen undt dadurch denselbn zwey Kühe gesterbet, undt bey ihr der böse Feindt an dreyen orten, nemlich in einer Ecke ihres Stalles bey der Krippen, in ihrer kammer, undt in ihrem gartten sich finden laßen. Woferne nun dieselbe auff diesem ihrem gethanen bekäntniß vor öffentlich gehegten peinlichen gerichte verharret, So wirdt sie wegen solcher begangenen und gestandenen Zauberey undt Mißethaten mit dem Feuer vom leben zum Tode gestraffet, Von Rechts wegen. Uhrkundlich mit Unserm Insiegel besiegelt.

Verordnete Dechant, Senior, undt andere Doctores des Schöppenstuhls zu Jehna.

M. Jun. 1674." [25]

Dieser Urteilsspruch ist, formal wie inhaltlich, durchaus typisch zu nennen. Doch die hier vorgetragenen und vom Hexereibegriff mit Teufelsbund, Teufelsbuhlschaft, Hexensabbat und Schadenzauber geforderten Anklagepunkte finden sich im Allgemeinen erst ganz zum Schluss eines Verfahrens vereint. Manch-

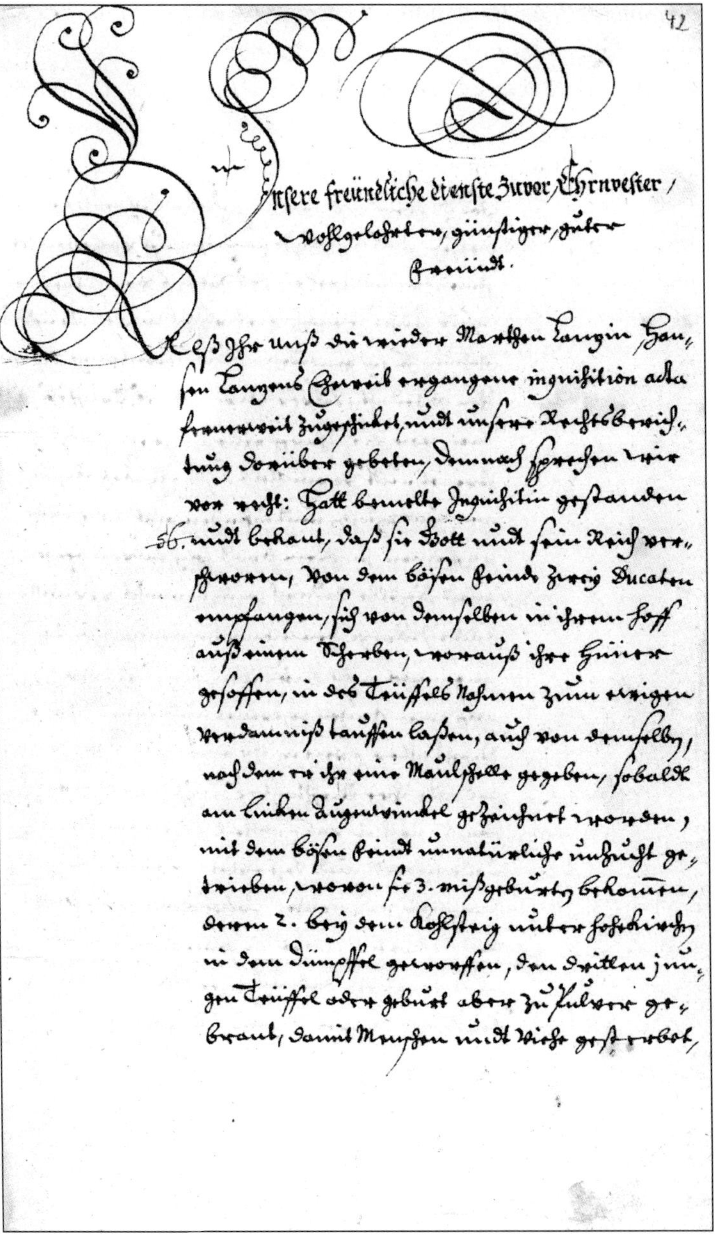
42

Unsere freündtliche dienste zuvor, Ehrnvester /
Wohlgelahrter, günstiger, guter
Freündt.

Nachdem Ihr unß die wieder Marthen Langin, Han-
ßen Langens Eheweib ergangene inquisition acta
freundlich zugeschicket, undt unsere Rechtsbelehr-
ung darüber gebeten, demnach sprechen wir
vor recht: Hatt bemelte Inquisitin gestanden
56. undt bekant, daß sie Gott undt sein Reich ver-
schworen, von dem bösen feindt zwey Ducaten
empfangen, sich von demselben in ihrem Hoff
auß einem Scherben, woraus ihre Hüner
gesoffen, in des Teüffels Nahmen zum ewigen
Verdamniß tauffen laßen, auch von demselben,
nachdem er ihr eine Maulschelle gegeben, sobaldt
am linken Augenwinckel gezeichnet worden,
mit dem bösen feindt unnatürliche unzucht ge-
trieben, davon sie 3. mißgeburten bekommen,
deren 2. bey dem Kohlsteig unter Hohenkirchen
in den Dümpffel geworffen, den dritten jun-
gen Teüffel oder geburt aber zu Pulver ge-
brant, damit Menschen undt Viehe gestorbet,

Abbildung 9: *Urteilsspruch des Schöppenstuhles Jehna auf Verbrennung der Marthen Lanzin, in: Thüringisches Staatsarchiv Gotha, Amtsgericht Ohrdruf, Locat A., Nr. 4, fol. 42ff.*

des H. Abendmahl, wann sie zum Tisch des Herrn ge=
wesen, undt nach hauße kommen, uff vorgehendes
speützen undt tretten des Satans von sich gegeben,
undt solches hernach wiederumb in des Teüffels
Nahmen zu sich genommen. Die Hexenläuge besucht,
Von obgedachtem Pulver etwas in des Teüffels Nah=
men vor die Thürschwelle in ihrem hauß ge=
streüet, undt vermittelst dessen Elisabeth Rasman,
ein umbgestoßen undt lahmgemacht, derselben
auff einem stücklein brodt solch Pulver beygeben,
40. undt dieselbe dadurch stumm gemacht, vermittel=
solches Pulvers derselben im Brauhauße Läuse
angemacht, auch durch eben dieses Pulver, so sie
auff einen Kuchen gestreüet, undt solchen ihrer der
Stiefftochter Even, in ihr eigen hauß gebracht,
gedachte ihre Stiefftochter, undt zwar darumb
daß sie noch etwas Erbtheil haben wollen, zu
Tode gehext, undt gestorbet. Ferner Hanßen
Wagner dergleichen Pulver, alß dessen Tochter
bey ihr Kofent geholet, in seine Kanne gethan,
undt denselben dadurch gesterbet, auch derglei=
chen Pulver in ihres Nachbars, Hanßen Tanzens

43

Gülichsaß in des Teuffels nahmen gerufft[...]
und dadurch denselben zwey kühe gesterbet, und bey
ihr der böse feindt an dreyen orten, nemlich in
einer Ecke ihres Stalles bey der Krippen, in ihrer
Kammer, und in ihrem garten sich finden lassen.
Wofern nun dieselbe auff diesem ihrem gethanen
bekäntnis vor öffentlich gehegtem peinlichen Ge-
richte verharret, So wirdt sie wegen solcher
begangener und gestandenen Zauberey und
Mißethaten mit dem feuer vom leben zum
Tode gestraffet, Von Rechts wegen. Uhrkund-
lich mit Unserem Insiegel besiegelt.

Verordnete Dechant, Se-
nior, und andere Doctores
~~[...]~~ des Schöppenstuhls zu Jhena.
M. Jun. 1674.

mal sucht man den einen oder anderen dieser Punkte in den Akten aber auch vergebens.

Das akademisch konstruierte Hexereiverbrechen mit seinen vier spezifischen Elementen musste sich im Laufe eines Verfahrens jeweils erst entwickeln, denn zu Verfahrensbeginn waren die einzelnen Vorwürfe noch ganz unterschiedlich gewichtet. Hier zeigen die Quellen, dass zunächst entweder Schadenzauber oder eine Mischung der drei anderen Tatbestandsmerkmale im Vordergrund standen, was ganz offensichtlich mit der Art der Verfahrenseröffnung zusammenhing.

Begann ein Verfahren auf Grund einer Anzeige aus der Bevölkerung, war eigentlich immer ein vermeintlicher Schadenzauber Anlass der Verdächtigung. War hingegen die Besagung durch eine andere Inquisitin Auslöser der Untersuchung, so ging es zunächst um die Teilnahme am Hexensabbat.

5.1. Der Schadenzauber

Die von den Denunzianten und Zeugen vorgebrachten Beschuldigungen umfassen im gesamten Thüringer Raum eine umfangreiche Palette von Schäden an Mensch und Vieh. Diese Schäden mussten nicht unbedingt aktuell sein, sondern konnten sich auch schon vor Jahr und Tag zugetragen haben. In einem Fall blieb es normalerweise nicht bei einem Anklagepunkt, meist kamen mehrere zusammen. Die Aussage: *„Claus Neuer hatte gesagt, daß sie seine Tochter krank, sein Weib töricht, die Schaf krumb und die Gens todt gemacht.“*, steckt hier kurz und bündig den üblichen Rahmen ab.[26]

Auffallend häufig findet sich bei den an Menschen verübten Schäden das „Anmachen von Läusen“ sowie das „Lahmmachen“ des Körpers oder einzelner Gliedmaßen, zumeist der Beine. Zumindest das Läusemachen ist auch aus anderen deutschen

Regionen als klassische Domäne der Hexen bekannt. Zieht man in Betracht, dass diesen Anschuldigungen in der Regel ja auch reale, nur eben nicht magisch, sondern ganz natürlich entstandene Schäden zu Grunde lagen, lässt sich daraus immerhin die Erkenntnis gewinnen, dass die Menschen der damaligen Zeit wohl stark unter Läusen und, womöglich rheumatisch bedingten, Gliederschmerzen zu leiden hatten. Eventuell ist mit dem „Lahmmachen" aber auch das heute als „Hexenschuss" bekannte Krankheitsbild gemeint, dessen plötzliches und schmerzhaftes Auftreten mit dem Begriff „Lähmung" ja ganz trefflich beschrieben ist.

Daneben wurden den Inquisiten allerlei unerklärliche Krankheiten und plötzliche Todesfälle angelastet, die, wie gesagt, auch schon lange Zeit zurückliegen konnten, aber nun, durch die Entdeckung des vermeintlichen Übeltäters, endlich die lang gesuchte Erklärung erfuhren.

Die allgemein bei den Beschuldigungen bemühten Zusammenhänge zwischen den verdächtigen Personen und den ihnen zur Last gelegten Schäden wirken dabei aus heutiger Sicht oftmals sehr umständlich konstruiert und weit hergeholt. Wenn eine Zeugin z.B. angab, dass ihr Milch und Korn ausbleibe, sobald die Inquisitin bei ihr im Ofen Brot backe, so lässt ein mehrmaliges Zusammentreffen dieser zufälligen, aber eben auch auffälligen Umstände, den damals darin gesehenen magischen Zusammenhang auch heute noch nachvollziehbar erscheinen. Aber oft waren die Zufälle und Zusammenhänge, zumindest nach heutigem Verständnis, weit weniger augenscheinlich: Es genügte ein bloßes Vorübergehen des Verdächtigen am Hof des Geschädigten sowie ein Tage später eingetretener Schaden, und ein kaum zu widerlegender Tatverdacht war hergestellt.

Wie bei den Schäden an den Menschen reichten die Schäden am Vieh ebenfalls vom „Totmachen", dem zumeist Pferde, Kühe und Schafe zum Opfer fielen, bis zum „Anmachen" diverser Krankheiten.

Abbildung 10: *Hexenschuss, Holzschnitt aus: Ulrich Molitor, De lamijs et phitonicis mulieribus, Köln 1489.*

Nur selten wurden die dabei verwandten Techniken allerdings so präzise und als selbst in unserer Zeit noch mit einfachsten Mitteln praktisch nachvollziehbar beschrieben, wie in einem Fall aus dem Jahre 1663, in dem des Nachbarn Pferd just an der Stelle tot umgefallen war, an der die Inquisitin tags zuvor ihren „Cammertopf" (Nachttopf) ausgeleert hatte.

Im Vergleich mit anderen deutschen Regionen fällt auf, dass in Thüringen im Bereich der Haus- und Landwirtschaft nur Mensch und Vieh geschädigt wurden. Schäden an Korn, Feldfrüchten oder auch Wein (Weinbau war damals noch sehr verbreitet in Thüringen), wie sie andernorts üblich waren, finden sich hier kaum.

Dagegen war der für Hexen schon klassische Vorwurf der „Milchdieberey" auch im Thüringer Raum recht häufig. Blieb bei den Kühen die Milch aus oder die Melkleistung hinter den Erwartungen zurück, so ließ sich dieser Umstand durch „Milchzauber" bzw. „Milchdiebstahl" erklären. Der Vorwurf der „Milchdieberey" war bis Ende des 16. Jahrhunderts meistens noch ganz konkret im Wortsinne zu verstehen, konnte später aber auch den allgemeinen Tatbestand der Hexerei bezeichnen. Gerade bei den frühen Fällen ist auffallend häufig von „Milchdieberey" die Rede. Im Jahre 1529, in einem der ersten (thüringischen) Fälle überhaupt, gab eine des Umganges mit *„teuffelischen wercken"* beschuldigte Frau u.a. zu, Milchdiebe fangen und *„den teuffel mit gottes craft zwingen"* zu können.

Neben Milchstehlen und Milchzauber ist bisweilen auch von der „teuflischen Kunst des Milchstehlens" oder von „Milchzauber in Teufels Namen" die Rede, womit dieser (Zauberei-)Vorwurf sowohl begrifflich als auch inhaltlich näher an den elaborierten Hexereibegriff heranrückt, der mit seinen einzelnen Elementen allerdings erst gegen Ende des 16. Jahrhunderts auch vollständig ausgebildet in den Akten zu finden ist. Doch diese Beobachtung ist sicher nicht zuletzt der bis dahin eher schlechten Quellenlage zu schulden, denn Prozessakten aus dem 17.

Jahrhundert sind größtenteils vollständiger und besser erhalten als solche aus dem 16. Jahrhundert.

Dabei war das Delikt des Milchstehlens vermutlich noch wesentlich weiter verbreitet, als es durch die relativ wenigen erhaltenen Quellen aus dieser Zeit überliefert ist und wurde in der ersten Hälfte des 16. Jahrhunderts offenbar als ein ernsthaftes Problem empfunden. Denn die vorgenannte, in der Kunst Milchdiebe fangen zu können bewanderte Frau gab zu Protokoll, dass diese Art Diebstahl *„unaussprechlich vil geschit"* und sie deswegen *„vil angesucht werde"*. Eine undatierte Verfügung des von 1496 bis 1559 regierenden Grafen Wilhelm IV. von Henneberg bestätigt ebenfalls die damals verbreitete Angst der Menschen, dass ihren Kühen durch zauberische Künste die Milch entzogen werde.

Das Thema der Milchhexe war derzeit offenbar so populär, dass es auch als Motiv für Illustrationen Verwendung fand: Bekannt ist vor allem die Abbildung einer Hexe, die Milch aus einem Axtstiel melkt, aus dem 1517 gedruckten Buch „Die Emeis".

Spätestens Ende des 16. Jahrhunderts war der Begriff der „Milchdiebin" allerdings mit dem der „Hexe" gleichzusetzen, die weit mehr konnte als Nachbars Kühen die Milch zu nehmen. So enthält z.B. das Bekenntnis der *„vierzig jährigen Milchdiebin Christina Thymen"* aus dem Jahre 1597 auf sieben Seiten alle Elemente des voll ausgebildeten Hexereibegriffs, und die Angeklagte spricht in ihrer Urgicht auch nicht vom Besuch des Hexentanzes, sondern vom *„Millich-diebin tanz"*.[27]

Neben diesen relativ häufigen und in vielen Verfahren anzutreffenden Anschuldigungen finden sich in den Quellen aber auch Beschuldigungen ganz individuellen Zuschnitts: Einer Frau wurde u.a. vorgeworfen, ihrem Mann zwei Mäuse in Bratwürsten verabreicht zu haben, um ihn mit diesem Zauber vom Kartenspiel abzubringen.

Abbildung 11: *Hexe, die Milch aus einem Axtstiel melkt, Holzschnitt aus: Johann Geiler von Keisersperg, Die Emeis, Straßburg 1517.*

Noch 1632, als die erste große Verfolgungswelle eigentlich schon beendet war, wurden in Coburg vier Knaben des „Mantelfahrens“ angeklagt - einer wohl der Benutzung eines fliegenden Teppichs vergleichbaren Art der magischen Fortbewegung. Von den vier Knaben zwischen neun und vierzehn Jahren wurde der älteste als das jüngste Opfer der thüringischen Hexenverfolgungen enthauptet und verbrannt, während seine drei Komplizen mit dem Schrecken davonkamen. Sie wurden mit ihm zum Richtplatz geführt, dann aber freigelassen.

Eine Ermittlung wegen „Katzenmelkens“ im Jahre 1569 ist vermutlich im zauberpraktischen Umfeld des Milchzaubers anzusiedeln, doch die dürftige Quelle gibt in diesem Fall leider keine nähere Auskunft.

Auch aus anderen Regionen des Reiches bekannt ist dagegen das sog. „Sieblaufen“, das in einem Fall aus dem Jahre 1698 in Gehren zu den Anklagepunkten zählte. Die zu einem Landesverweis verurteilte „Lahme Käthe“ hatte durch das „Laufenlassen des Siebes“ verschwundene Gegenstände wieder finden und Diebstähle aufdecken können.

Ein Jahr später wurde in Suhl die Frau des Amtmannes von der Pfarrersfrau der „abergläubischen Zauberei bei der Viehhaltung“ beschuldigt. Unter anderem soll sie Ebereschenbäume vor die Tür des Kuhstalles gestellt haben, auf dass das Vieh besser stehe und die verlorene Milch wiederkomme.

Auch die schöne Kunst des Liebeszaubers hat man in Thüringen gepflegt. Aber mit ihrer positiven und - zumindest im Thüringischen - nicht auf die Schädigung einer anderen Person ausgerichteten Magie fällt sie eher in den Bereich der abergläubischen Praktiken als in den des Schadenzaubers und war tatsächlich auch nur in wenigen Fällen Gegenstand der Inquisition. In einem dieser Fälle gab die Tochter einer Inquisitin zu Protokoll, eine Wurzel gekauft zu haben, *„daß sie der Jungengesellen lieb gewinnen sollte“* und *„uff denen täntzen allen Mägden vorgezogen werde“*.[28]

In einem anderen Fall „abergläubische Mittel vor die lieb betr.“ wurde 1673 ein Mann aus Metzels von Beziehungsproblemen mit seinem Weib umgetrieben.[29] Da der Rat der alten Schultheißin, einer offenbar anerkannten Kapazität in Ehefragen, es doch einmal mit Maulschellen zu versuchen, nicht half, besorgte er sich beim Scharfrichter zu Adorf ein Liebespulver, damit ihn *„sein Weib lieb habe"*. Die Wirkung des Pulvers ist nicht überliefert, doch nach Meinung der Regierung in Gotha war er ernstlich zu ermahnen und *„gebührend zu strafen"*.

Allzu hart dürfte diese Strafe nicht ausgefallen sein, denn natürlich handelt es sich weder bei diesem noch bei den vorgenannten Fällen um (eigentliche) Hexenprozesse. Eine Ermittlung wegen „Sieblaufens", „abergläubischer Zauberei bei der Viehhaltung" oder Liebeszaubers war kein Hexenprozess, ja nicht einmal Schadenzauber. Es waren altbekannte und allgemein praktizierte abergläubische Handlungen bzw. volksmagische Praktiken, die man bis dahin über Jahrhunderte (mehr oder weniger stillschweigend) geduldet hatte und auch im 18. und 19. Jahrhundert wieder dulden sollte. Im 16. und mehr noch im 17. Jahrhundert ging man ihnen jedoch verstärkt nach und fragt vor allem, ob sie etwa mit Teufels Hilfe ausgeübt worden seien. War dies der Fall, so waren sie nach den Kursächsischen Konstitutionen von 1572, gemäß dem Artikel *„Von Straffe derer, so mit Zauberey und Wahrsagen umgehen."*, mit dem Schwert zu ahnden. Herzog Ernst der Fromme ging in seiner Gothaischen Landesordnung von 1653 im Artikel *„Von Bestraffung zauberischer Händel."* noch einen Schritt weiter und stellte diese Handlungen auch ohne Satans Zutun unter Strafe:

„[...] Uber das/ so sich etliche ausser Gespäche oder Gemeinschafft mit dem Teufel sonsten anmassen würden/ Crystallensehens/ Wahrsagens/ Segensprechens/ oder büssens der Schäden zu pflegen/ die sollen nach Unterschied und Umbständen der Fälle mit Gefängnis/ Landesverweisung/ oder wol gar Staupenschlagen belegt werden.

Ferner sol man die/ so sich Raths bey denen Crystallensehern und Wahrsagern erholen/ ingleichen welche abergläubische

Segen sprechen/ oder einige Schäden büssen lassen/ gleichfals mit Gefängnis-Straffe/ oder namhaffter Geldbusse/ und so sie dasselbe mehrmal thäten/ nach Gelegenheit auch Landesverweisung ansehen.“ [30]

Diese nochmalige Verschärfung des Strafmaßes im Bereich der volksmagischen Praktiken zeigt deutlich das Bemühen des frommen Landesherren, im Interesse eines reinen lutherischen Christentums gegen wirklich alle - ob nun mit oder ohne Teufels Hilfe - praktizierten Formen des Aberglaubens konsequent vorzugehen. Unter „Aberglaube“ sind dabei alle kultischen bzw. religiösen Ansichten und Handlungen zu verstehen, die sich außerhalb des „offiziellen“ christlichen Glaubens bewegten und daher als verkehrter Glaube, eben als „Aber“-Glaube galten.

Vor allem nach dem Dreißigjährigen Krieg, der einen starken Verfall der moralischen und sittlichen Zustände der Bevölkerung mit sich gebracht hatte, war dieses Ziel nicht allein durch die eindringliche Predigt von Gottes Wort zu erreichen. Es bedurfte auch der Strenge des Gesetzes und seiner Anwendung.

Derartige Anschuldigungen finden sich daher immer wieder in den Hexenprozessakten, und gerade zu Anfang aber mehr noch zu Ende des untersuchten Zeitraumes ist die ohnehin eher akademische Grenze zwischen den typischen Hexereidelikten und dem weiten Feld der abergläubischen Händel und volksmagischen Praktiken kaum sauber zu ziehen. Die Existenz dieser Grauzone war allerdings schon damals bekannt, doch wusste man sie mit der Formulierung *„uff Hexerey zielende, abergläubische Händel unterschiedlichen beginnens“* ebenso treffend wie umständlich zu beschreiben.[31]

In der zweiten Hälfte des 17. Jahrhunderts tauchten in den Hexenprozessen daher immer wieder auch Anklagepunkte aus dem volksmagischen Bereich auf, und nach Beendigung der Hexenprozesse im 18. Jahrhundert wurden derartige Handlungen noch lange Zeit weiter verfolgt, wenn auch nur mit geringen

Strafen belegt. Vor allem beim „Schatzgraben", einer Tätigkeit, die sich im 18. Jahrhundert im Thüringischen zu einem heimlichen Volkssport entwickeln sollte, bediente man sich gerne magischer Mittel und Mächte, und gelegentlich findet sich dieser Punkt eben auch bereits in einem Hexenprozess des 17. Jahrhunderts.

Doch zurück zu den (eigentlichen) Hexenprozessen und den in ihnen erhobenen (Schadenzauber-)Vorwürfen.
Ein Unterschied zwischen den im städtischen und den im ländlichen Bereich vorgebrachten Anklagepunkten kann nicht ausgemacht werden. Dies ist auch nicht weiter verwunderlich, da sich eine derartige Trennung in Stadt und Land zur fraglichen Zeit in Thüringen auch kaum eindeutig vornehmen lässt. Nur Erfurt (um 1600 ca. 18.000 Einwohner) sowie allenfalls noch Mühlhausen und Nordhausen (unter 10.000 Einwohner) können als größere Städte bezeichnet werden - auch nach damaligen Maßstäben. Trotz relativ vieler, aber eben kleiner (Residenz-)Städte (Weimar zählte um 1650 ca. 3.000 Einwohner) war Thüringen vornehmlich ländlich geprägt und Hexerei hier ein klar ländliches Phänomen. Die Schadenzaubervorwürfe entstammen daher im Großen und Ganzen dem ländlichen Lebensbereich.

Deutliche Unterschiede lassen die Anklagepunkte dafür in regionaler Hinsicht erkennen: Auf den Norden Thüringens beschränkt und für diesen geradezu typisch war der Zauber mit „Elben" und das „Anmachen böser Dinger". „Elben" und „Böse Dinger" drangen auf Veranlassung der angeblichen Hexe als eine Art Ungeziefer von unbestimmter Form und Gestalt in den Körper des (menschlichen) Opfers ein und schadeten ihm darinnen.

Aus einem Geständnis erfahren wir: *„Die Elben weren kleine Dinger wie Würmer von allerley Farben, blau, braun und grün, [...]. Daß alle diejenigen, so die Elben ab- und zubringen, auch die Crystallen beschweren können, mit dem Teuffel sonderlich*

Verbündniß haben und solches mit seiner Hülfe und durch Zauberey thun müssen."[32]

Neben dem „Anmachen" oder auch „Zubringen" der Elben hat man den Beschuldigten auch die Kunst des „Abbringens" derselben zugesprochen und bei Bedarf - dann also im Sinne eines positiven Heilzaubers - entsprechend nachgefragt. Dazu waren bestimmte Segen und verschiedene Kräuter notwendig, was als heilkundig bekannte und des Umganges mit Kräutern erfahrene Personen vielleicht eher verdächtig werden ließ als andere, doch die Quellen lassen in diesem Punkt keinen zwingenden Zusammenhang erkennen. Über die nördliche Grenze des Thüringer Raumes hinaus war der Elbenzauber auch im Harz stark verbreitet, lässt sich aber generell wohl nur in Mitteldeutschland nachweisen.

Eher im mittleren aber vor allem im südlichen Thüringen beheimatet war der Drache, bisweilen auch der „feurige Drache", der im regionalen Volksglauben einen festen Platz einnahm. Ihn sah man zumeist nachts auf dem Dach eines Hauses oder in dessen Schlot aus- oder einfahren, und er soll seinen Besitzern, den sog. „Drachenhaltern", allerhand Vorteile, etwa in Form von Geld und Nahrungsmitteln, verschafft haben. In dieser Funktion ist er als eine Art Hausgeist zu verstehen.

In Beschreibungen der Zeugen ist er zumeist groß und lang, hat Kopf und Schwanz, verbreitet ein Licht, bzw. ist von „feuriger Gestalt" und kann natürlich fliegen. Wahrscheinlich ist sein Auftreten auch mit (Kugel-)Blitzen und Dachstuhlbränden in Zusammenhang zu bringen. In einer Zeit, da das Leben nach Sonnenuntergang nur spärlich ausgeleuchtet war, mögen die Menschen derartige Lichterscheinungen umso eindrucksvoller und manchmal eben auch als unnatürliche Kräfte wahrgenommen haben.

Wie bei einem anderen, allerdings in ganz Thüringen häufig anzutreffenden Anklagepunkt, dem Hostienfrevel, war mit dem Drachenhalten kein (direkter) Schadenzauber verbunden. Vielmehr waren beide Vorwürfe eher auf das „teuflische" Element des Hexereibegriffes ausgerichtet. *„Der feurige Drache, der Herr Urian und wie der Teufel sonst noch genannt wird"*, personifizierte den Leibhaftigen, und bisweilen wurde in den Beschreibungen des Hexensabbat nicht mit dem Teufel, sondern tatsächlich mit dem Drachen gebuhlt.[33]

Auch der zur Schande und Schmähung Gottes begangene Hostienfrevel geschah zwangsläufig zu Ehren oder doch wenigstens im Namen des Teufels. Der sächsische Kurfürst Johann Georg I. forderte 1612 von seinem Konsistorium in Meiningen, die Superintendenten und Pfarrer sollten *„bey der commune vleisig uff acht [...] haben, das das cena domini (Brot des Herren beim Abendmahl) ja nicht prophaniret werde."* [34]

Kam es beim Heiligen Abendmahl bei der Aufnahme der Hostie zu Unregelmäßigkeiten, etwa dass sie aus dem Mund fiel oder nicht hinuntergeschluckt wurde, gab dies beim Pfarrer und in der Gemeinde sofort Anlass zu einschlägigen Verdächtigungen. In ihren Geständnissen gaben die derart beschuldigten Inquisiten u.a. an, die Hostie absichtlich fallen gelassen und in Teufels Namen mit Füßen getreten oder auch zunächst (unter der Zunge) versteckt und anschließend ihrem Buhlen dargebracht zu haben.

Der „Missbrauch des Abendmahles" oder die „Hostienschändung", wie es in den Akten auch heißt, verkörperte als leibhaftige und praktisch vollzogene Schmähung Gottes, als Apostasie, ebenso wie Teufelsbund und Teufelsbuhlschaft, den elementaren Kern des Hexereiverbrechens, nämlich die Verschwörung der Hexe mit dem Teufel gegen Gott. Hostienfrevel wurde entsprechend als eine besonders schändliche Handlung verstanden, der mit der Frage: *„Ob sie nicht das Heilige Abendmahl mißbrauchet?"* auch regelmäßig gezielt in den Verhören nachgegangen wurde.

Bei allen aus der Bevölkerung vorgebrachten Anschuldigungen, vom Hostienfrevel einmal abgesehen, fällt auf, dass sie eigentlich ausschließlich den rein privaten und persönlichen

Bereich der einzelnen Person oder Familie betreffen, also den jeweils individuellen Schaden an Mensch und Vieh.

Kollektive Schäden größeren Ausmaßes, wie etwa die Vernichtung der gesamten Ernte eines Dorfes durch den gelungenen Hagelzauber einer allseits berüchtigten Hexe, lassen sich in den Quellen dagegen nicht finden; weder als kollektiv vorgebrachte Anschuldigungen noch als Summe vieler einzelner, gleichartiger Anzeigen. Auch andere Formen spontaner wie organisierter Gemeinschaftshandlungen einer verfolgungswilligen Bevölkerung zeigen sich im Thüringer Raum nicht.

Das ist bemerkenswert, denn in anderen deutschen Regionen kam es durchaus vor, dass die Bevölkerung ihre Obrigkeit bei Bedarf zu einem (stärkeren) Vorgehen gegen die teuflische Hexensekte aufforderte und diesem Begehren bisweilen auch Nachdruck verlieh. Die im Trierer Raum aus Bauern und Beamten gebildeten, lokalen „Hexenausschüsse“, die Verdächtige in Schnellverfahren aburteilten, bevor die offiziellen Justizorgane überhaupt aktiv werden konnten, sind in diesem Sinne als extremes Beispiel von Eigeninitiative und Selbstjustiz bekannt.

Ebenso erstaunlich ist es, dass man in Thüringen Hexen weder für Unwetter und Missernten noch für Seuchen oder andere Katastrophen verantwortlich gemacht hat. Schäden dieser Größenordnung wurden offenbar als allgemeine Strafe Gottes eher akzeptiert und als weit weniger unnatürlich bzw. ungerecht empfunden als individuelle Schäden, die zwar bei Bauer A, nicht aber bei Bauer B, C und D auftraten, und von daher einer Erklärung bedurften.

5.2. Teufelsbund und Hexentanz

Waren die von den Denunzianten und Zeugen gemachten Vorwürfe des Schadenzaubers zumeist auf reale Schäden zurückzuführen oder, wie das Drachenhalten, in einem praktischen Sinne mit dem Volksglauben verwoben, so waren die in den Besa-

Abbildung 12: Die Wetterhexe, Holzschnitt von Hans Weiditz, 1532 (Foto: Bildarchiv Foto Marburg)

gungen vorgebrachten Anschuldigungen bezüglich Teufelsbund, Teufelsbuhlschaft und Hexensabbat weitaus irrealer.

Doch obwohl ihnen jeder (heute erkennbare) Bezug zur Realität fehlte, sind sie auch nicht als reine Fantasieprodukte zu werten, die bei jedem Geständnis von den Inquisiten individuell und völlig neu erdacht werden mussten. Vielmehr lag ihnen eine offenbar allgemein bekannte und verbreitete Hexereivorstellung bzw. Kenntnis des Hexereibegriffes zu Grunde. Dieser Hexereibegriff war (dem größten Teil) der Bevölkerung natürlich nicht in seiner akademischen Definition geläufig, aber jedermann wusste, was die Hexen für Schadenzauber anstellen, wie es beim Hexensabbat zugeht und wie man sich Teufelsbund und Teufelsbuhlschaft vorzustellen hat. Aber woher?

Da auf den endlichen Rechtstagen auch die Geständnisse der Delinquenten öffentlich verlesen und von diesen nochmals bestätigt werden mussten, bekam die dabei stets zahlreich anwesende und interessiert lauschende Menge auf diesem Wege auch direkten Einblick in die ja eigentlich okkulten Geschehnisse beim Hexensabbat und das gemeinhin verborgene Treiben der teuflischen Hexensekte. Der Hexereibegriff mit seinen einzelnen Elementen fand bei dieser Gelegenheit ebenso allgemeine Verbreitung im Volk wie durch die sonntäglichen Hexenpredigten in der Kirche. Wer nicht live dabei sein konnte, der ließ es sich bestimmt nachher, vielleicht hinter vorgehaltener Hand, aber sicher mit weit offenen Augen und Ohren, erzählen. Das Thema Hexen war damals mindestens so interessant und spannend wie heute - zumal die Hexen ja eine jederzeit drohende, reale Gefahr darstellten. Gewiss legte auch die Formulierung der Fragen beim Verhör den Inquisiten bestimmte Antworten nahe, doch allein aus den beim Verhör gestellten Fragen lässt sich der in vielen Punkten stereotype Charakter der Hexereigeständnisse nicht erklären. Es darf daher bei den meisten Inquisiten wohl eine bereits vorhandene (Hexerei-)Vorstellung im Sinne des elaborierten Hexereibegriffes als Grundlage ihrer Aussage angenommen werden. So gestand etwa eine Inquisitin:

„[...] daß vor zweyen jahren der böse feind des nachts in einem weißen kleide zu ihr in ihr Hauß und zwar in die Cammer vor das bette kommen, Sie angeredet und gesaget, ihr seid ein armes kind, habet nichts zum besten, ich will euch versorgen inmaßen Er ihr auch so balden die Hand und einen Creutzthaler, welchen Sie Reinhard Spitzlern an Küheszinß gebracht, darauffgegeben, worauff Sie sich unter dem namen Hanß Caspar mit ihme verlobet und verbunden, zusammen in das bette geleget und fleischliche unzucht, gleich ob hette sie ihren ersten mann annoch, miteinander getrieben ein solches auch in denen zweyen jahren noch dreymal mit ihr gethan.

So seye sie auch die zweye jahr nacheinander allemahl auff Walpurgis mit ihrem buhlen Hanß Caspar, welcher, wie vorgedacht, ein weiß kleidt und einen schwarzen hut mit einem weißen federbusch auff, und angehabt, auff einem weißen Pferde zugleich mit ihr auff den Brockenberg geritten allwo sie mit einander geßen und getruncken auch nach einer drummel mit einander getantzet [...]“.[35]

Auf die Frage: *„Ob Sie nicht die Hexentäntze besucht?“*, gab eine andere Inquisitin 1675 zu Protokoll:

„Ja, vorm Hirtzberge auf den Creutzwegen und bey den Heiligen Hecken auf der Ohrdrufischen gräntze, Hans habe sie nebt Zelckers Annen geholet, sie hetten sich mit einander auf eine gabel gesetzt und weren so ins teufels nahmen dahin gefahren in der Walpurgs nacht: uff dem tantze weren pfeiffer gewesen die hetten hörner gehabt und gantz heßliche köpffe, das spielen were gar nicht fein gangen, mit zusammen gebundenen stecken, ofengabeln, heugabeln, besen uns solcher rüstung hetten sie getantzt, sie hielte aber davor es were lauter blenderei, wer nicht wohl gehör[n]t gewesen hette mit der mahlzeit müssen warten bis zu letzt, dann hetten sie selbigen die bein und was sonst niemand haben wollen gegeben, es habe alles gar heßlich geschmackt ein

theil wer nicht gesaltzen gewesen, das andere habe sonst nichts getaugt: Wenn auf dem tantze jemand vorüber gestolpert, sey sie bestalt gewesen solches aus dem wege zu thun, sie hetten auch aus bechern getruncke es were aber lauter trügerei. Dem Obermeister, welcher in einem rothen kleide, einem eckigten hute mit federn oben an gesessen, und ausgesehn wie feuer, grosse heßliche augen gehabt wie ein Pferd haben sie müssen angeloben, daß sie bey ihme bestandig bleiben und gehorsam seyn wollen, dieser habe befohlen daß sie den leuthen schaden zufügen sollen im augenblick were sie wieder daheime gewesen." [36]

Doch bei aller fantasievollen, individuellen Ausschmückung lassen die Beschreibungen von Teufel und Hexensabbat im Allgemeinen ein recht einheitliches Grundmuster erkennen: In den meisten Geständnissen stellt sich der Teufel den Inquisiten mit einem normalen, bürgerlichen Vornamen vor und gibt ihnen zur Verlobung ein Geldstück zum Geschenk. Wenig später wird sich dieses Geschenk dann in ein Stück Kohle oder einen Klumpen Dreck verwandeln. Der Teufel trägt gerne einen Hut, stets recht schmuck mit Feder, und auch Schnitt und Farbe seines Gewandes können, oft sogar recht detailreich, beschrieben werden. Die fleischliche Unzucht mit dem Buhlen ist alles andere als lustvoll, denn sein „membrum" (Glied) wird als kalt und unangenehm empfunden. Exemplarisch sei hier folgende Schilderung genannt:

„[...] Es were der böße Feindt des abents neun uhr in eines Mannes gestalt ufm Schurmarkt zue Ihr kommen, hette ein schwarz Kleid angehabt, wie auch einen schwartzen Huth mit einem gelben federlein, und hieße Hanß Lauer, were mit Ihr heimb gangen, und hette bey ihr geschlaffen, und were das membrum kalt geweßen, [...]."[37]

Die Fahrt zum Hexensabbat erfolgt auf Besen, Gabel, Ziege, Pferd oder einfach nur „durch die Luft“, wobei im Thüringer Raum unterschiedliche Ziele angesteuert werden. Neben dem klassischen Brockenberg stehen auch Brockelsberg, Blockenberg, Ruppersberg, Beyersberg, Hörsel-, Insel- u.a. Berge auf der Ausflugsliste sowie Tanzplätze von nur jeweils lokalem Rang, wie etwa „bey der Breiten Linden“. Gelegentlich fährt man auch „in den Venusberg“.

Beim Hexensabbat wird gegessen und getrunken, was aber nicht sonderlich mundet, und zum Tanze spielen Musikanten auf. Soweit aus den überlieferten Geständnissen zu ersehen, spielten Männer in der im Thüringer Raum verbreiteten Sabbatvorstellung offenbar nur eine Nebenrolle. Sie wurden daher in den Geständnissen auch kaum als Mittäter bzw. Mittänzer besagt. Wenn überhaupt, werden sie als Kutscher, der die Hexe zuhause abholt und zum Tanzplatz fährt, oder als Musikanten genannt. Damit führten sie also auch in der ja eigentlich „verkehrten Welt“ des Hexen sabbat „typisch männliche“ und wohl dem damaligen Rollenverständnis der Geschlechter entsprechende Tätigkeiten aus.

Waren die Inquisiten erst einmal gebrochen und zum Geständnis bereit, so kamen sie bei der Beschreibung des Hexensabbat nicht umhin, auch die dabei gesehenen Gäste zu nennen, zumal nach denen im Verhör ganz gezielt gefragt wurde. Fast alle nannten dann Namen vermeintlicher Komplizen, sprich anderer Sektenmitglieder.

Dies konnten die Namen von Personen sein, die bereits verurteilt und damit als Teilnehmer beim Hexensabbat bekannt waren. Aber oft waren es eben auch die Namen von bisher unbelasteten oder allenfalls „im gemeinen Gerücht stehenden“ Personen, sodass durch diese Besagungen (nach Artikel 31 der Carolina) wiederum zahlreiche neue Inquisitionsverfahren ins Rollen gebracht wurden.

Als ein seltenes Beispiel von Zivilcourage darf ein Fall aus Coburg gelten, denn die bereits zum Tode verurteilte Inquisitin gab bei der Konfrontation mit zwei zuvor von ihr besagten Personen zwar zu, auf den Hexentänzen gewesen zu sein, doch hätten die Leute dort alle schwarze Binden vor den Augen getragen, sodass sie niemanden habe erkennen können. Die Namen der beiden von ihr besagten Personen habe sie auf Geheiß des Teufels genannt, der gedroht habe, ihr sonst den Hals umzudrehen.

6. Ausmaß und Verbreitung der thüringischen Hexenverfolgungen

Wie ein Blick auf die Karte (hinten im Buch) zeigt, war der Thüringer Raum von den Hexenverfolgungen alles andere als gleichmäßig betroffen. Die meisten Fälle finden sich im Süden und Südwesten, in einem breiten Streifen, der sich von Creuzburg im Norden über den Thüringer Wald und die thüringische Rhön bis Coburg im Süden erstreckt. Hierbei ist besonders das Henneberger Land mit den Ämtern Maßfeld, Meiningen, Suhl, Schleusingen und Kaltennordheim zu nennen sowie das Coburger Land mit den Ämtern Coburg, Heldburg und Hildburghausen.

Auf der anderen, der nordöstlichen Seite des Thüringer Waldes, fallen nur Stadt und Amt Georgenthal sowie die benachbarten Städte Ohrdruf und Arnstadt auf. Auch in den beiden Reichsstädten Mühlhausen und Nordhausen ist es zu einer nicht unerheblichen Anzahl an Fällen gekommen, wenn auch zu jeweils ganz unterschiedlichen Zeiten. So lassen sich für Mühlhausen zwischen 1624 und 1731 insgesamt 66 Fälle nachweisen, für Nordhausen zwischen 1559 und 1644 insgesamt 30.

In auffälligem Kontrast zum verfolgungsreichen Thüringer Wald haben sich im Thüringer Becken nur kleinere Verfolgungen bzw. Einzelfälle zugetragen, und der thüringische Teil des Vogtlandes ist - zusammen mit dem thüringischen Schiefergebirge – davon offenbar vollkommen verschont geblieben.

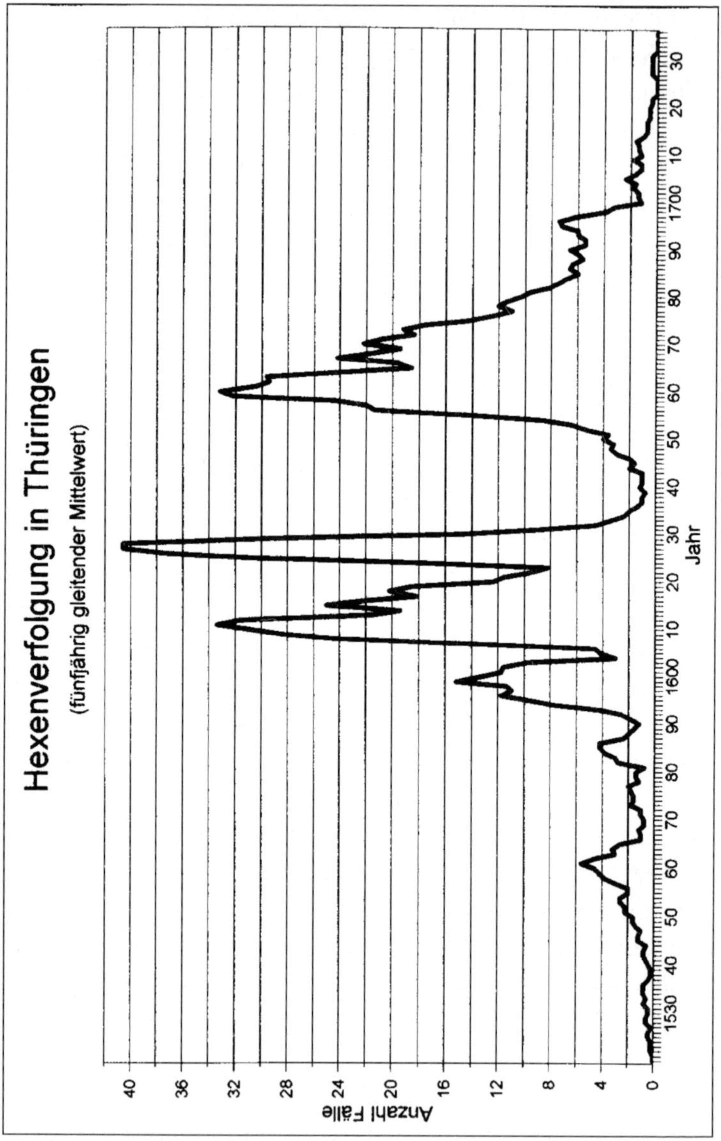

Abbildung 13: *Zeitliche Verbreitung der thüringischen Hexenverfolgungen (fünfjährig gleitender Mittelwert)*

Ebenso ungleichmäßig wie die räumliche zeigt sich die zeitliche Verbreitung der thüringischen Hexenverfolgungen. Die 1.565 ermittelten Fälle verteilen sich auf die Jahre zwischen 1526 und 1731. Innerhalb dieses Zeitraumes von ca. 200 Jahren traten die Verfolgungen allerdings mit höchst unterschiedlicher Intensität auf. Phasen relativer Ruhe wechselten dabei mit solchen massiver Verfolgungsaktivität. Auf der Grafik sind diese Phasen durch die Wellenstruktur deutlich zu unterscheiden.

Für die ersten 70 Jahre lassen sich in Thüringen nur einige wenige verstreute Einzelfälle nachweisen, die miteinander kaum in Verbindung stehen und mit den späteren Verfolgungen wenig gemein haben. Nach diesem langsamen und zögerlichen Anlaufen in den ersten Jahrzehnten ist eine bemerkenswerte Zunahme der Verfolgungen nicht vor 1590 zu registrieren.

Ab 1598 steigt die Zahl der Fälle deutlich an und bildet bis 1631 eine erste große Verfolgungswelle aus. Allerdings ist diese Welle in ihrem Aufbau alles andere als gleichmäßig, denn zwischen Jahren mit massiver Verfolgungstätigkeit finden sich auch immer wieder Jahre mit nur einigen wenigen Fällen. So konnte z.B. für das Jahr 1625 bislang kein einziger Fall nachgewiesen werden. Bei näherer Betrachtung fällt auf, dass sich diese große Welle eigentlich aus drei kleineren Wellen der Jahre 1598-1603, 1611-1624 und 1628-1631 zusammensetzt und erst ganz zum Schluss, im Jahre 1629, mit 83 Fällen ihren Gipfel erreicht. Das Jahr 1629 markiert damit zugleich auch den Höhepunkt der thüringischen Hexenverfolgungen überhaupt. Nach 1631 kommen die Verfolgungen ganz abrupt und für einen längeren Zeitraum fast vollständig zum Erliegen.

Doch sofort nach Ende des Dreißigjährigen Krieges im Jahre 1648 lassen sich bereits mehrere Einzelfälle beobachten, und ab 1656 laufen die Verfolgungen auch in größerem Umfang wieder an. In der Folge bilden sie eine zweite Verfolgungswelle aus, die sich bis 1699 hinzieht. Diese zweite Welle erreicht ihren Gipfel mit 55 Fällen bereits in ihrer Anfangsphase (im Jahre 1663), um danach langsam, aber kontinuierlich abzunehmen. Nach 1700 lassen sich nur noch einige wenige Einzelfälle feststellen.

Das wellenartige Auftreten der Hexenverfolgungen ist kein thüringisches Phänomen, sondern in ganz Deutschland zu beobachten. Für gewöhnlich sind diese Wellen in den Jahren um 1590, 1630 und 1660 anzutreffen, doch regional zeigen sich hier deutliche Unterschiede. In den meisten Regionen bleibt es bei nur einer großen Welle, wobei die Welle um 1630 fast überall zu finden ist und den Höhepunkt der deutschen Hexenverfolgungen markiert. Zwei nahezu gleich große Wellen vor und nach dem Dreißigjährigen Krieg, wie wir sie in Thüringen vorfinden, sind außergewöhnlich und verdienen Beachtung.

Auffällig ist bei diesen beiden Wellen vor allem ihre geografische Provenienz: Während sich die zweite Welle relativ gleichmäßig aus Fällen eigentlich aller thüringischen Herrschaften und Gebiete zusammensetzt, wird die erste Welle fast ausschließlich durch die massiven Verfolgungen im Henneberger und Coburger Land gebildet. Auf der Karte ist dieses Gebiet im Süden und Südwesten des Thüringer Raumes eindeutig als absolutes Zentrum der thüringischen Hexenverfolgungen zu erkennen (mehr als die Hälfte aller Fälle haben sich hier zugetragen), doch gilt dies für die erste Verfolgungswelle in sehr viel stärkerem Maße als für die zweite.

Es lässt sich somit also sagen, dass die Hexenverfolgungen mit der zweiten Welle den Sprung über den Thüringer Wald geschafft haben. Die für die Zeit der deutschen und europäischen Hexenverfolgungen tendenziell feststellbare „West-Ost-Wanderung“ findet sich damit also auch innerhalb Thüringens bestätigt.

Das plötzliche Ende der ersten Verfolgungswelle um 1631 und das langsame Anlaufen der zweiten ab 1648 lassen einen Zusammenhang mit den Geschehnissen des Dreißigjährigen Krieges vermuten und dies zu Recht.

Mit der Schlacht bei Breitenfeld (bei Leipzig) im September

1631 hatten der Krieg und die Schweden nun auch in Mitteldeutschland endgültig Einzug gehalten und brachten den Menschen völlig neue Probleme. Zwar war Thüringen auch zuvor nicht von Durchzügen und Einquartierungen verschiedener Truppen verschont geblieben, doch hielten sich die Belastungen für Land und Leute in (noch) erträglichen Grenzen. Nun traf es sie umso härter. Mit Bevölkerungsverlusten von über 50 Prozent hatte Thüringen im großen Krieg schwer zu bluten - für Hexen war da weder Platz in den Gefängnissen noch in den Köpfen. Die Menschen sahen sich plötzlich von ganz anderen, neuen Gefahren bedroht und dachten offenbar gar nicht daran, dafür Hexen oder Zauberer verantwortlich machen zu müssen. Die Ursachen dieser Gefahren und Schrecken waren allgemein bekannt und bedurften keiner (magischen) Erklärung. Dabei darf natürlich nicht vergessen werden, dass Hexen und Teufel in der damaligen Zeit als ebenso reale Gefahr angesehen wurden wie kroatische Reiter und marodierende Landsknechte, nur waren letztere zwischen 1631 und 1648 eben eindeutig das akutere Problem.

Verfolgungshemmende Maßnahmen der Schweden, denen ja nachgesagt wird, dass sie die Hexenverfolgungen in ihrem Einflussbereich unterdrückt hätten, können für den Thüringer Raum nicht benannt werden. Es waren wohl eher die besonderen Umstände des Krieges im Allgemeinen, die nach 1629 das Ende der ersten Welle beschleunigt und danach bewirkt haben, dass die Verfolgungen für einen längeren Zeitraum nicht mehr aufleben konnten. Doch sofort nach Kriegsende im Jahre 1648 kam es bereits zu ersten Verfahren. Und ab 1656, als Infrastruktur und Instanzenweg wieder hergestellt waren, setzten die Verfolgungen auch in stärkerem Maße wieder ein.

Konkrete „auslösende Momente“ für den Beginn dieser zweiten Welle (also etwa außergewöhnliche Witterungsbedingungen oder Ereignisse, das Ausgehen der Verfolgungen von einem bestimmten Ort, etc.) lassen die Quellen dabei aber (leider) ebenso wenig erkennen wie für den Beginn der ersten Welle um 1598. Die Verfolgungen setzten ein, weil in der Bevölkerung offensichtlich ein entsprechender Bedarf bestand und sie ihm durch die Denunziation vermeintlicher Hexen Ausdruck gegeben hat. War die Obrigkeit bereit, dieses Begehren aufzunehmen, stand einer Hexenverfolgung nichts mehr im Wege. Womit dieses Verfolgungsbegehren nun aber ursächlich ausgelöst wurde und warum es zu einigen Zeiten zu so massiven Verfolgungen kommen konnte und zu anderen wieder nicht, ist eine der (zahlreichen) offenen Fragen der Hexenforschung.

7. Die Verfolgungen in einigen thüringischen Gebieten

Als geografisches Zentrum der thüringischen Hexenverfolgungen haben sich klar das Henneberger und das Coburger Land zu erkennen gegeben. Zusammen mit den fränkischen Hochstiften Bamberg und Würzburg ist dieser Raum, vor allem in den Jahren zwischen 1600 und 1630, zur Kernzone der deutschen Hexenverfolgungen zu zählen.

Aber auch im gothaischen Amt Georgenthal auf der anderen Seite des Thüringer Waldes und in den beiden Reichsstädten Mühlhausen und Nordhausen ist es zu zahlreichen Fällen gekommen. In landschaftlicher Hinsicht deckt sich das Verfolgungszentrum mit den bergigen Regionen des Thüringer Waldes und der thüringischen Rhön und hebt sich damit auffällig gegen das flache und relativ verfolgungsarme Thüringer Becken ab.

Orientiert man sich dagegen an den politisch-territorialen Grenzen Thüringens, können ebenfalls einige Herrschaften als besonders verfolgungsreich, andere wiederum als eher verfolgungsarm erkannt werden. Bei der großen Anzahl an thüringischen Herrschaften ist es an dieser Stelle natürlich nicht möglich, alle gleichermaßen ausführlich zu behandeln, ja nicht einmal anzusprechen. Dafür sollen aber drei Gebiete mit einem besonders auffälligen und interessanten Verfolgungsgeschehen näher vorgestellt werden.

7.1. Sachsen-Coburg (-Eisenach) ((1572-)1596-1633)

Eines der spannendsten Kapitel in der Geschichte der thüringischen Hexenverfolgungen wurde zweifellos Anfang des 17. Jahrhunderts im Coburger Land geschrieben.

Unter Herzog Johann Casimir (reg. 1572-1633; bis 1586 zunächst unter Vormundschaft, danach bis 1596 mit seinem Bruder in Sachsen-Coburg-Eisenach gemeinsam und ab 1596 in Sachsen-Coburg allein) kam es in Sachsen-Coburg(-Eisenach) ab 1575 zu insgesamt 178 Fällen von Hexenverfolgung. Aber erst ab 1612 nahmen die Verfolgungen massiv zu, und zwischen 1628 und 1631 erreichten sie ihren Höhepunkt. In dieser letzten, „heißen Phase" wurden auch angesehene und wohlhabende Kreise der Coburger Oberschicht von der Inquisition erfasst. Neben Ehefrauen von Ratsmitgliedern wurde im Juli 1628 auch die Frau des Bürgermeisters verbrannt. Ähnliches spielte sich zur gleichen Zeit in den benachbarten fränkischen Hochstiften Bamberg und Würzburg ab, wo man sogar Adelige und Geistliche hingerichtet hat und der 1628 verbrannte Bamberger Bürgermeister Dr. Haan als prominentestes Opfer bekannt ist.

Diese Beobachtung, dass gegen Ende einer massiven Verfolgungswelle soziale Schranken fallen und auch dafür eigentlich untypische Bevölkerungsgruppen in den Sog der Inquisition geraten, ist auch aus anderen deutschen Regionen bekannt. In Thüringen greifen die Verfolgungen allerdings nur in Coburg auf die Oberschicht über, und Prozesse gegen Adelige und Geistliche finden sich im gesamten Thüringer Raum nicht.

Das reichhaltige Coburger Quellenmaterial lässt die dortigen Hexenverfolgungen in ihrer letzten Phase als vergleichsweise stark „institutionalisiert" erkennen. Wie nirgendwo sonst im Untersuchungsraum haben die Behörden in Coburg versucht, die Hexenverfolgungen durch gezielte Maßnahmen aufzugreifen, zu steuern und in bestimmte Bahnen zu lenken. In diesem Zusammenhang sind vor allem die für Thüringen beispiellose Einziehung von

Strafgeldern *„zur beförderung dergleichen inquisitions procese, die hexerey belangend"* zu nennen sowie die Einsetzung eines *„besonderen Advokaten"* und natürlich die 1629 vom Herzog erlassene *„Gerichtsordnung, die Hexerey betreffend"*.

Auf Grund der zahlreichen Verfahrensschritte und der jeweils damit verbundenen Gebühren (die Beamten wurden nicht pauschal, sondern für jede Amtshandlung einzeln bezahlt, nach sog. „Sporteln") konnten sich die eher langwierigen Hexenprozesse zu recht kostenintensiven Angelegenheiten entwickeln. Und obwohl die Carolina eigentlich vorsah, dass die Gerichtskosten von den Gerichten bzw. der Obrigkeit zu tragen waren, zog man diese Gelder in allen thüringischen Herrschaften von den Angeklagten oder deren Erben ein. Doch dabei blieb es oft genug bei der bloßen Forderung, denn vor allem die zahlreichen Verfahren gegen arme und mittellose Personen gestatteten nur selten eine Deckung der aufgelaufenen Prozesskosten, die dann aus der Kasse des Landesherren beglichen werden mussten.

So ist es nicht verwunderlich, dass gerade die zahlreichen Hexenprozesse des Jahres 1628 in Sachsen-Coburg Überlegungen zu einer anderen Lösung der Kostenfrage aufkommen ließen. Man entschied sich für ein „Kostenausgleichsmodell": Die Defizite aus den Prozessen gegen arme und mittellose Hexen sollten durch entsprechende Mehreinnahmen aus den Prozessen gegen wohlhabendere Hexen, die ihr Vermögen ja vermutlich vom Teufel erhalten hatten, wieder ausgeglichen werden. Das System funktionierte. Die von drei vermögenden Inquisitinnen (das heißt von deren Erben, denn die drei Frauen waren schon kurz zuvor hingerichtet worden) eingezogenen Strafgelder in Höhe von 100, 400 und 1.000 Reichstalern glichen nicht nur die bis dahin entstandenen Verluste aus, sondern konnten u.a. auch zum Neubau der Büttelei Verwendung finden.

Auch die ab 1628 vor allem vom lutherischen Hofprediger Dr. Nikolaus Hugo angeheizten Querelen um den angeblich wenig verfolgungseifrigen Coburger Schöppenstuhl sind in den Quellen recht gut dokumentiert. Dr. Hugo warf dem Coburger Schöppenstuhl vor, dass er *„keinen rechtmeßigen eiffer, zu bestraffung der Hex: und Zauberey, anwende, die schuldige Personen, wieder so vieler Zeugen außagen, ledig zehle, die tortur zu gelindt erkenne, nachleßig allenthalben verfahre und dadurch den verfluchten leuten, gleichsamb patrocinire"*.[38]

Diese Formulierung bedeutete im Verständnis der Zeit nichts anderes, als dass der Schöppenstuhl die teuflische Hexensekte unterstütze, und das war ein schweres Geschütz. Die Coburger Schöppen setzten sich gegen die von ihnen so genannten „lestermäuler" zwar mehrfach schriftlich zur Wehr, konnten jedoch die Vorwürfe, die sich noch bis 1631 halten sollten, nie nachhaltig aus der Welt räumen.

Eine nähere Betrachtung der zahlreichen Schöppensprüche der Coburger Juristen zeigt diese aber in Hexensachen tatsächlich keineswegs milder urteilend als ihre Kollegen in Jena und Leipzig - das kam ihren lokalen Gegnern auf dem Höhepunkt der Coburger Verfolgungen lediglich so vor, als sich der Schöppenstuhl nicht von der angeheizten Atmosphäre in seiner nächsten Umgebung anstecken lassen wollte.

Zu den erklärten Gegnern des Schöppenstuhles ist Herzog Johann Casimir zwar nicht zu zählen, aber er stärkte seinen Juristen in dieser Auseinandersetzung auch nicht den Rücken. Seit April 1628 war der Herzog *„endlich entschlossen, die Hexen und Drutten, beides hier und ufn Lande, so viel möglichen, exterminiren, ausrotten und zu gebührlicher wolverdienten Straf, die Reichen mit den Armen und die Alten mit den Jungen, nehmen zu lassen [...]"*.[39]

In diesem Sinne setzte Johann Casimir im September 1629 Dr. Georg Mund als „besonderen Advokaten" ein, durch dessen Kompetenzen und Befugnisse in den Hexenprozessen die bisher den Gang des Verfahrens bestimmende Rolle des Schöppenstuhles klar beschnitten wurde. Bereits im Februar 1629 hatte der Herzog seine „Gerichtsordnung, die Hexerey betreffend" erlassen, welche die Aufgaben und Pflichten der am Prozessgeschehen beteiligten Personen festlegte und in der zugehörigen „Taxordnung" auch deren Einkünfte regelte.

Im September 1629 forderte Herzog Johann Casimir in einem *„Befehl an die Geistlichen wegen des Lasters der Hexerei"*, dass die Geistlichen auf dem Lande alles, was ihnen außerhalb der Beichte Verdächtiges zu Ohren komme, an die Regierung weitergeben sollten, damit das Laster der Hexerei mit besonders christlichem Eifer bekämpft werden könne. Und es besteht kein Grund anzunehmen, dass sie dies nicht taten.

Doch auch unter den Dienern des Herrn gab es Ausnahmen und kritische Stimmen. Eine davon gehörte Johann Matthäus Meyfart (1590-1642), Doktor der Theologie, Schriftsteller und seit 1623 Rektor des Coburger Gymnasiums. Um 1630, also auf dem Höhepunkt der Coburger Verfolgungen, verfasste er eine Schrift, in der er sich sehr kritisch mit den Hexenverfolgungen auseinander setzte: *„Christliche Erinnerung/ An gewaltige Regenten und Gewissenhafte Prädicanten/ wie das abscheuliche Laster der Hexerey mit Ernst auszurotten/ aber in Verfolgung desselbigen auff Cantzel und Gerichtshäusern sehr bescheidentlich zu handeln sey."*

Wie schon der Titel dieses Werkes sehr schön zeigt, leugnete Meyfart das Verbrechen der Hexerey nicht, sondern richtete seine Kritik auf das bei dessen Verfolgung praktizierte Verfahren. Auch Friedrich von Spee, der wohl bekannteste Kritiker der Hexenverfolgungen, ging in seiner 1631 erschienenen „Cautio Criminalis" so vor. Mehr Kritik ließ sich damals öffentlich kaum äußern, und ob die Kritiker insgeheim den Hexereibegriff an sich überhaupt angezweifelt und abgelehnt haben, kann heute aus ihren Schriften nur zwischen den Zeilen herausgelesen bzw. -interpretiert werden.

Jedenfalls traute sich auch Meyfart erst 1635 im sicheren Erfurt, das zu Mainz gehörte, derzeit von den Schweden besetzt war und wo er seit 1632 Theologie lehrte, seine noch in Coburg verfasste Schrift zu veröffentlichen. Sein Zögern ist nur zu verständlich, doch es hatte auch seinen Preis. 1635 waren die Verfolgungen der ersten Welle in ganz Thüringen bereits seit gut drei Jahren beendet, und Meyfarts kritische Stimme verhallte nahezu ungehört. Erst 1703 erschien eine zweite Auflage, die dem Werk zwar zu einiger Aufmerksamkeit in Gelehrtenkreisen verhalf, doch die vom Autor (sicher) beabsichtigte Wirkung war ihm zu dieser späten Stunde nicht mehr beschieden - die Zeit der Hexenverfolgungen war nun in Thüringen endgültig vorbei.

7.2. Sachsen-Gotha (1640-1680)

Als sich die Verfolgungen nach dem Dreißigjährigen Krieg auch verstärkt nördlich des Thüringer Waldes ausbreiten konnten, war davon vor allem das Herzogtum Sachsen-Gotha (1640-1680) betroffen. Unter Herzog Ernst dem Frommen (reg. 1640-1674) und dessen Sohn Friedrich I. (reg. 1675-1680) lassen sich hier 112 Fälle von Hexenverfolgung nachweisen.

Die Quellen geben vor allem Herzog Ernst als in dieser Beziehung ausgesprochen interessierten und engagierten Landesherren zu erkennen, der sich der Prozesse in seinem Lande persönlich und sehr gewissenhaft angenommen hat. Im Gegensatz zu den meisten anderen Regenten seiner Epoche, die lediglich die Endurteile der Spruchkörper abzeichneten ohne sich jedoch vorher mit den Fällen näher befasst zu haben, setzte sich der pflichtbewusste Gothaer Herzog seit Beginn seiner Regierungszeit auch mit den Akten auseinander. Er griff bisweilen schon sehr früh in laufende Verfahren ein, änderte, so es ihm nötig schien, Rechtsbelehrungen der Spruchkörper ab und gewährte den zum Tode durch das Feuer Verurteilten regelmäßig die ihnen so wichtige Gnade der vorherigen Enthauptung.

Dabei hat er die Hexenprozesse jedoch keineswegs forciert, sondern im Gegenteil ein eher vorsichtig und besonnen zu nen-

nendes Verhalten an den Tag gelegt. Wie viele Akten zeigen, war ihm an einem ordentlichen und - nach den Maßstäben der Zeit - gerechten Verfahren gelegen. Dafür gestand er den Inquisiten gerne die Inanspruchnahme von Rechtsmitteln zu und drängt ihnen gelegentlich die kostenlose Verteidigung durch einen Hofadvokaten geradezu auf.

Diese Einstellung erscheint aus unserer heutigen Sicht zunächst etwas widersprüchlich. Doch zu seinem Verständnis als Land und Gott gleichermaßen verantwortlicher lutherischer Landesherr gehörte auch der rigorose Kampf gegen die teuflische Hexensekte, den er nach den Wirren des Krieges in seinem Lande wohl vor allem im Interesse eines wieder zu festigenden lutherischen Christentums führen zu müssen meinte. Zwar sollten möglichst alle Hexen aufgespürt und bestraft werden, doch das Wissen um eine zu Unrecht wegen Hexerei verurteilte Person hätte dem frommen Herzog zweifellos schwer zu schaffen gemacht.

Vom Herzog unbemerkt, waren die meisten Verfahren im gothaischen Amt Georgenthal jedoch lange Zeit von folgenschweren Unregelmäßigkeiten und Manipulationen belastet. Zwischen 1668 und 1677 trieb hier der Amtsschösser Benedict Leo die Inquisition voran. Er führte in dieser Zeit mindestens 40 Verfahren, die er durch die Fälschung von Aussagen und Unterschriften in die von ihm gewünschte Richtung zu lenken wusste.

Das Motiv für seinen ungewöhnlichen Verfolgungseifer ist vermutlich in einer Behinderung seines Sohnes zu sehen, die er auf Hexerei zurückzuführen können glaubte. In einem Schreiben an Herzog Friedrich I. aus dem Jahre 1681 führt Leo an, er habe *„einen gebrechlichen Sohn der von Hexerey wegen nun 14 Jahr einen elenden Zustand gehabt und nie ganz hinkommen kann, wo er nicht geführt und gepflegt wird“.*[40] Der behinderte Sohn muss entsprechend im Jahre 1667 zur Welt gekommen sein - ein Jahr bevor in Georgenthal die Hexenverfolgungen begannen.

Von Leos Machenschaften, die zahlreichen Personen das Leben gekostet haben, erfuhr Herzog Ernst jedoch nichts mehr, denn sie kamen erst nach seinem Tode ans Licht. 1681 musste sich Leo unter Herzog Friedrich I. (von Sachsen-Gotha-Altenburg) für seine Taten vor Gericht verantworten und wurde nach einem Gutachten des Schöppenstuhles Leipzig des Landes verwiesen.

7.3. Der Henneberger Raum

Gut die Hälfte aller im Thüringer Raum ermittelten Fälle haben sich im Gebiet der ehemaligen Grafschaft Henneberg zugetragen, die damit als Hochburg der thüringischen Hexenverfolgungen gilt. Hier sind vor allem die Ämter Massfeld, Meiningen, Suhl, Schleusingen und Kaltennordheim zu nennen; das Amt Meiningen ist mit 244 Fällen das verfolgungsreichste in ganz Thüringen.

Nach dem Aussterben der Grafen von Henneberg im Jahre 1583 wurde der größte Teil dieses Gebietes zunächst von den beiden wettinischen Linien der Ernestiner und Albertiner gemeinsam verwaltet, bevor es dann 1660 endgültig aufgeteilt wurde. Spezifische Gründe warum *„1595 der Anfang mit Verbrennung der Hexin in der f. Grafschaft Henneberg gemacht worden"*, sind in den Quellen nicht greifbar.[41] Doch die besonderen Umstände der Periode von 1583 bis 1660 waren in ihrer Summe für die massiven Verfolgungen erwiesenermaßen günstig.

Zu diesen Umständen sind, neben den vergleichsweise großen administrativen Freiheiten der „gemeinschaftlich wettinischen Regierung in Meiningen" und den weit entfernt residierenden Landesherren, sicher auch Person und Position des für die Hexenverfolgungen zuständigen Generalcentrichters zu zählen. Zusammen mit den Amtmännern vor Ort führte er im Hennebergischen, wo wir, wie im fränkischen Raum üblich, neben dem unteren Verwaltungsbezirk des Amtes noch den (älteren)

Gerichtsbezirk der Cent finden, auch die Verfahren in Hexereisachen. Als Generalcentrichter fungierten 1582 bis 1617 Nikolaus Siebenfreud, 1617 bis 1636 dessen Sohn Wolfgang Siebenfreud, 1636 bis 1654 Sebastian Güth und von 1654 bis mindestens 1680 Johann Jost v. Hagen.

Eine entscheidende Beförderung der Inquisition lassen die Quellen für die jeweiligen Träger dieses wichtigen Amtes aber nicht erkennen. Wie überall im Untersuchungsraum entstanden auch hier die Verfahren aus den Besagungen durch andere Inquisiten sowie aus den Anzeigen einer denunziationsbereiten Bevölkerung. Ohne diese Grundvoraussetzungen war auch für inquisitionsfreudige Amtmänner und Behörden eine massive Hexenverfolgung nur schwer in Gang zu bringen oder am Laufen zu halten.

Trotz der großen Anzahl an Fällen ist es (auch) im Hennebergischen nicht zu Massenverfolgungen gekommen. Alle Verfahren wurden einzeln verhandelt und liefen über die Spruchkörper, deren Entscheidungen - wie überall im Thüringer Raum - regelmäßig akzeptiert wurden. Nach der endgültigen Aufteilung des hennebergischen Erbes im Jahre 1660 wurden die Verfolgungen in den einzelnen Nachfolgestaaten (Sachsen-Zeitz, Sachsen-Weimar, Sachsen-Altenburg, Sachsen-Gotha) nahezu ungebrochen fortgesetzt und ließen den Henneberger Raum auch an der zweiten thüringischen Verfolgungswelle maßgeblichen Anteil nehmen.

Außergewöhnliches Zeugnis des dortigen Verfolgungsgeschehens geben die im Druck erschienenen Hexenpredigten der beiden hennebergischen Geistlichen Joachim Zehner und Johann Ludwig Winter.

Als um 1612 die Verfolgungen stark zunahmen, forderte der albertinische Kurfürst Johann Georg I. von seinem Konsistorium in Meiningen, dass die Superintendenten und Pfarrer nicht nur in den Sonntags-, sondern auch in den Wochenpredigten die Zuhörer *„von solchem Gottlosen teuffelswerke mit ernst abzu-*

mahnen" hätten, und *„auff die verdechtigen Personen gutt acht zu geben, denselben in der Beicht stark und scharff fürhaltung zu thun, und bey der commune vleisig uff acht zu haben, das das cena domini ja nicht prophaniret werde.*" [42]

So sie es nicht ohnehin schon taten, kamen die Geistlichen dieser Aufforderung auch gewiss nach. Durch die Hexenpredigten wurde das Volk von der Kanzel herab über die von der teuflischen Hexensekte drohenden Gefahren aufgeklärt und zur fleißigen Anzeige verdächtiger Personen, selbst aus dem Familienkreis, aufgefordert. Die Vorstellungen des Hexensabbats und das Wissen um die sonstigen Übeltaten der Hexen fanden auf diesem Wege in der Bevölkerung allgemeine Verbreitung.

Einige dieser Hexenpredigten, die sicherlich in weitaus größerer Zahl gehalten wurden, als sie uns heute überliefert sind, erschienen anschließend sogar in gedruckter Form. Das unterstreicht noch einmal die Bedeutung, die man ihnen damals zumaß. Die erste aus diesem Gebiet bekannte Hexenpredigt stammt vom hennebergischen Generalsuperintendenten und Pfarrer zu Schleusingen, Joachim Zehner, und wurde im Jahre 1609 veröffentlicht:

„Christliche Predigt/ von des verheissenen Siloh Eselsfüllen/ aus dem 49. Cap. des ersten Buchs Mose: In der Pfarrkirchen zu Schleusingen/ nach dem sich daselbsten kaum vier tag zuvor/ die schreckliche Geschicht begeben/ das aus Gottes verhengniß/ der böse Geist/ einer von vielen Jharen her hochverdechtigen und starckberüchtigten Hexin/ in weerender/ ihr durch Urtheil und Recht zu erkannter/ auch hierauff ziemlicher massen angestellter frage/ als sie sich gleich itzt mit richtigem bekenntniß heraus lassen wollen/ plötzlich und unversehens/ den Halß umbgedrehet: Sonntags Palmarum, den 9. Aprilis, gehalten [...], Schleusingen 1609."

Dieser 31 Seiten umfassende Text erschien vier Jahre später nochmals als Teil einer ganzen Sammlung von Hexenpredigten

Zehners: „*Fünf Predigten von den Hexen/ Ihren anfang/ mittel und end in sich haltend und erklärend. [...], Leipzig 1613.*“

Als nach dem Dreißigjährigen Krieg eine zweite große Verfolgungswelle über Thüringen rollte, sah auf deren Höhepunkt der Suhler Archidiakon Johann Ludwig Winter den guten Ruf seines Vaterlandes durch die vielen Hexen ernsthaft gefährdet. In der Einleitung seiner Hexenpredigt aus dem Jahre 1663 schreibt er:

„*Es hat aber unsere Christliche hohe Landsväterliche Obrigkeit ihr eifferig angelegen seyn lassen/ solches mit Hexerey und Zauberey behafftete und durch den bösen Geist verführte Gesindlein müglichster massen außzurotten/ und die heilsame Gerechtigkeit an ihnen zu exerxiren/ wie denn von solchen Leuten innerhalb zwey Jahren an der Zahl sieben allein allhie zu Suhla/ und in den benachbarten Orten deren noch mehr nach Urtheil und Recht sind justificiret, und durch Fewer und Schwerdt andern zur Abschew hingerichtet worden/ so gar daß unser liebes Vaterland wegen solcher Mißthäter bey den Unverstendigen an andern Orten fast in einen bösen Nachklang unverschuldeter Weise gerathen wollen/ da doch an andern Orten der leidige Teuffel eben so wol seine liebe Getrewe und Helffershelffer hat/ ob sie gleich nicht offenbahr werden und an Tag kommen.*“

Der komplette Titel dieses Werkes ist zugleich Programm und lässt erahnen, dass auch von protestantischen Kanzeln herab nicht nur christliche Nächstenliebe gepredigt wurde:

„*Larva Diaboli detecta & rejecta. Des Teuffels Larv/ Ein Christ abwarff. Das ist: Christliche Betrachtung etlicher listiger Anläuffe und Verblendungen des hellischen Geistes/ damit er die Menschenkinder zu hinderschleichen und zu dem grewlichen und abschewlichen Laster der Hexerey und Zauberey zu verführen pfleget. Und wie ein gleubiger Christ denen selben durch Gottes kräfftigen Beystand wiederstehen und entgehen sol. In seiner sonderbahren Warnungs und VermahnungsPredigt aus Jac. IV. v.7. Den 8. Julii 1663 in der Kirchen zu Suhla/ kürzlich einfältigst und wohlmeinend vorgestellet und uff Begehren zum Druck übergeben von M. Johann Ludwig Wintern/ Archidiacono daselbsten.*"

Derartige Predigten sind sicherlich in allen thüringischen Kirchen gehalten worden, nur hat man sie nicht überall hinterher auch in Blei gesetzt.

8. Wer waren die Hexen?

Bisher ging es hauptsächlich darum, wann, wo und wie sich die thüringischen Hexenverfolgungen zugetragen haben. Hier soll abschließend nach den daran beteiligten Personen gefragt werden. Von Amtmännern, Scharfrichtern, Landesherren und denunziationsbereiten Nachbarn haben wir gehört, aber wer waren die Opfer? Wer waren die „thüringischen Hexen"?

Um es gleich vorwegzunehmen: Die „typische Hexe" gibt es nicht. Sicher nicht in Thüringen und in anderen Ländern vermutlich auch nicht.

Die in den Quellen enthaltenen Informationen geben zwar ein gewisses Bild zu erkennen, doch das ist nicht scharf genug, um davon auch ein (Opfer-)Profil zeichnen zu können. Nach diesem Bild handelte es sich bei den wegen Hexerei verfolgten Personen tendenziell um verheiratete Frauen im mittleren Erwachsenenalter (also zwischen 20 und 50 Jahren), in deren Familie sich oft noch andere Hexereifälle finden.

Aber die Datenbasis, auf der dieses Bild basiert, ist leider nicht breit genug, um hier von einem statistisch abgesicherten Ergebnis sprechen zu können. Dazu sind Umfang und Ergiebigkeit der Quellen einfach zu unterschiedlich. Denn obwohl eine große Anzahl umfangreicher Prozessakten erhalten ist, die natürlich auch detaillierte Informationen über die beschuldigten Personen liefern, wissen wir andererseits über viele andere Fälle nur, dass man im Jahre X im Ort Y eine Hexe verbrannt hat.

Die Informationen aus den ausführlich bekannten Fällen müssten also in vielen Fragen so stark verallgemeinert werden, dass der Versuch einer Antwort eher einer Spekulation gleichkäme denn einer wissenschaftlichen Aussage. Wenn z.B. nur von jedem zweiten Fall eine Angabe über den Familienstand vorliegt, dann ist die daraus mögliche Aussage nicht als für alle Fälle statistisch abgesichertes Ergebnis zu werten, sondern allenfalls als eine Tendenz.

Was wissen wir also über die Opfer der Verfolgungen? Von allen personenbezogenen Angaben sind wir am besten über das Geschlecht der Inquisiten orientiert, denn das wird in der Regel auch bei dünnster Quellenlage genannt. Es ist daher sicher, dass in Thüringen zu 87 Prozent Frauen und zu 13 Prozent Männer wegen Hexerei verfolgt wurden. Dieses Verhältnis entspricht in etwa den Werten, die auch aus anderen deutschen Ländern bekannt sind und die im Durchschnitt bei ca. 80 zu 20 Prozent liegen.

Über den gesamten Zeitraum der thüringischen Hexenverfolgungen betrachtet, zeigt sich dieses Verhältnis aber keineswegs konstant. In den beiden großen Verfolgungswellen steigt der Anteil der Frauen, in den Phasen davor und danach der Anteil der Männer. Das mag daran liegen, dass Frauen hauptsächlich in Prozessketten eingebunden waren, die vor allem während der beiden großen Verfolgungswellen zu beobachten sind. Diese Prozessketten setzten sich durch die Besagungen der Inquisiten immer weiter fort. Da in der allgemein verbreiteten Hexereivorstellung das Bild der weiblichen Hexe, die sich mit ihrem männlichen Buhlen zum Tanze traf, fest verankert war (zumindest seit dem Hexenhammer, vorher war das nicht so), wurden von den Frauen in ihren Geständnissen auch hauptsächlich Frauen besagt. Männer kamen in den Besagungen nur selten vor und waren daher auch kaum in die Prozessketten eingebunden. Sie waren eher in Einzelprozesse verwickelt, die mit einer Beschuldigung wegen Schadenzaubers begannen, und zumeist in den eher ruhigen Phasen vor und nach den beiden Verfolgungswellen zu finden sind.

Das prozentuale Verhältnis der beiden Geschlechter zeigt deutlich, dass das Verbrechen der Hexerei zwar extrem stark auf

Frauen ausgerichtet, aber beileibe kein frauenspezifisches Delikt war: Jede achte thüringische Hexe war ein Mann.

Bei der Untersuchung des Hexereiverbrechens maß man dem verwandtschaftlichen Umfeld der Inquisiten große Bedeutung zu. Nicht nur die beschuldigte Person war verdächtig, auch ihre Familie. Denn diese hatte zwangsläufig *„sonderlich gemeynschafft mit zaubern und zauberin"* gehabt, was alle Familienmitglieder nach Artikel 44 der Carolina ebenfalls potenziell verdächtig werden ließ.

In vielen Zeugenbefragungen findet sich daher der Hinweis, dass bereits Mutter oder Großmutter der verdächtigen Person früher der Hexerei berüchtigt oder vielleicht sogar angeklagt waren. Da es sich bei den Inquisiten hauptsächlich um Frauen gehandelt hat, ist die Verbindungslinie Großmutter-Mutter-Tochter am häufigsten anzutreffen, doch auch viele Ehepaare wurden gemeinsam der Hexerei beschuldigt und mussten sich vor Gericht verantworten. Insgesamt entstammt (mindestens) jeder siebente Fall einer „Hexenfamilie".

Geben die Quellen in fast allen Fällen Auskunft über das Geschlecht der Inquisiten, so gilt dies für die Frage nach deren Familienstand nur für die Hälfte. Da Ledige in den Akten kaum genannt werden, ergibt sich ein Verhältnis von ca. 28 Prozent verwitweten zu 72 Prozent verheirateten Personen. Der Anteil der verwitweten Frauen liegt dabei wesentlich höher als der Anteil der verwitweten Männer.

Eine bevorzugte Verfolgung verwitweter Frauen kann daraus allerdings nicht abgeleitet werden, denn der Anteil verwitweter Frauen an der damaligen weiblichen Bevölkerung war generell sehr hoch; man rechnet allgemein mit ca. 10 bis 30 Prozent. Frauen hatten eine wesentlich längere Lebenserwartung als Männer, und - wie in allen Kriegen - waren auch die Toten des Dreißigjährigen überwiegend männlichen Geschlechts.

Ein Anteil von ca. 28 Prozent verwitweten an allen verfolgten Personen, kann daher durchaus dem tatsächlichen Anteil an der Gesamtbevölkerung entsprechen und muss nicht unbedingt auf eine besondere Gefahrengruppe hinweisen.

Überraschend dürftig geben sich die Quellen, wenn es um das Alter der Betroffenen geht. Nicht einmal für jeden zehnten Fall liegt eine Altersangabe vor, und selbst die fällt mit pauschalen Bezeichnungen wie „jung“ oder „alt“ oft recht ungenau aus. Viele Inquisiten waren über ihr Alter offenbar nur vage orientiert und konnten diesbezüglich keine genauen Angaben machen. Die wenigen exakten Altersangaben umspannen einen Rahmen von sieben bis 89 Jahren.

Besonders junge, aber mehr noch alte Personen werden häufig mit einer Altersangabe genannt. Damit ist aber nun nicht gesagt, dass auch vornehmlich junge und alte Menschen wegen Hexerei verfolgt wurden, sondern wohl eher das Gegenteil: Die Altersangabe wurde gemacht, um den außergewöhnlichen Umstand eines besonders hohen bzw. jugendlichen Alters hervorzuheben. Bei den meisten Fällen ohne Altersangabe lässt sich nämlich aus den Quellen schließen, dass die betroffenen Personen im „mittleren“ Erwachsenenalter standen, also zwischen 20 und 50 Jahren alt waren.

Setzt man die Schwelle zum Erwachsenenalter bei 16 Jahren an, was für die damalige Zeit durchaus gerechtfertigt ist, so sind in Thüringen auch 15 Kinder der Hexerei beschuldigt worden. Von diesen wurde ein Knabe von 14 Jahren zum Tode verurteilt (der aus Coburg berichtete Fall des „Mantelfahrers“); die anderen kamen mit Rutenschlägen und einer christlichen Belehrung durch den Pfarrer davon. Die Beschuldigungen lauteten vor allem auf Schadenzauber, und vier Mädchen standen auch zusammen mit ihren Müttern unter Verdacht.

Insgesamt zeigen sich Kinder in den thüringischen Hexenverfolgungen wenig auffällig. Die aus anderen deutschen Regionen berichtete Rolle von Kindern als Ausgangspunkt und Kern umfangreicher Denunziationen findet sich hier jedenfalls nicht.

Aus dem Quellenmaterial das soziale Profil einer „typischen Hexe“ zu gewinnen, ist also selbst anhand der einfachsten Grundinformationen Geschlecht, Familienstand, Verwandtschaftsverhältnis und Alter nicht möglich und lässt nur mehr oder weniger wahrscheinliche Tendenzen erkennen. Noch dürftigere Antworten versprechen die Fragen nach Beruf, Ansehen oder sozialer und wirtschaftlicher Stellung der Betroffenen.

Das oft bemühte Stereotyp der alten, allein stehenden Frau, die am Rande der Gesellschaft lebt und über umfangreiches Heilwissen verfügt, kann für den Thüringer Raum daher nicht bestätigt werden. Diese „Märchenhexen“ gab es zwar auch, aber sie waren keinesfalls die Regel, sondern allenfalls die Ausnahme. Wie überhaupt aus dem Quellenmaterial von über 1.500 Fällen so ziemlich jedes Klischee bedient werden kann: Als heilkundig bekannte Frauen und Männer finden sich ebenso wie Schäfer und Schmiede und natürlich sind auch zwei Hebammen darunter. Doch das sind jeweils nur Einzelfälle, die zu einer Verallgemeinerung keinen Anlass geben.

Wahrscheinlich ist die Frage nach der typischen Hexe damit richtig beantwortet, dass es eine solche, allen Klischees zum Trotze, nicht gibt. Frauen waren zwar wesentlich stärker gefährdet als Männer, aber weitere Kriterien musste ein Verfolgungsopfer nicht erfüllen: Jeder bzw. jede konnte verdächtig werden. Aber wie wir gesehen haben, wurden nicht alle, die in die Mühlen der Inquisition gerieten, von diesen auch zwangsläufig zermahlen.

Konnten die Fragen nach dem Wann, Wo, Wie und Wer der thüringischen Hexenverfolgungen noch mehr oder weniger befriedigend beantwortet werden, muss eine ganz entscheidende Frage allerdings offen bleiben: Die nach dem Warum.

Warum es im 16. und 17. Jahrhundert in Thüringen und in fast allen anderen Ländern Europas zu Hexenverfolgungen gekommen ist, vermag heute noch nicht überzeugend beantwortet zu werden. Zwar lassen sich für einzelne Verfolgungen bestimmte relevante Faktoren anführen, doch Faktoren, die man für eine Region als verfolgungsfördernd erkannt hat, sucht man in einer zweiten vergebens, und in einer dritten mögen sie sich gar als verfolgungshemmend gezeigt haben.

Es war wohl jeweils eine ganz individuelle Mischung aus verschiedenen Gründen, die zu einer bestimmten Zeit in einer bestimmten Region zu einer Hexenverfolgung geführt hat. Und solange die Rezeptur dieser Mischungen nicht entschlüsselt ist, bleibt das „Phänomen Hexenverfolgungen" für alle, die sich damit befassen, ein „zauberhaftes" Thema.

Anmerkungen

1 Zitat aus: Sachs, Hans, Ein wunderlich gesprech von fünff unhulden, Nürnberg 1531.
2 Churfürst Augusti Verordnungen und Constitutiones, 21.4.1572, in: Codex Augusteus oder Neuvermehrtes Corpus Juris Saxonici, Bd. 1, Leipzig 1724, Sp. 73-131; hier: Sp. 117.
3 Zitat aus: Heimatmuseum Schleusingen, MB 493.
4 Landeshauptarchiv Magdeburg, Außenstelle Wernigerode, Rep. H., Stolberg-Wernigerode, Stolberg-Stolberg B, XXIII, Nr. 73 IV, fol. 5.
5 Zitat aus: Ebenda, Nr. 73 I, fol. 21 b.
6 Thüringisches Staatsarchiv Gotha, Geheimes Archiv, ZZ Xc, Nr. 1, fol. 13.
7 Landeshauptarchiv Magdeburg, Außenstelle Wernigerode, Rep. H., Stolberg-Wernigerode, Stolberg-Stolberg B, XXIII, Nr. 73 I, fol. 51.
8 Diese Fragen exemplarisch aus: Thüringisches Staatsarchiv Gotha, Amtsgericht Ohrdruf, Loc. A., Nr. 6, fol. 40 ff.
9 Landeshauptarchiv Magdeburg, Außenstelle Wernigerode, Rep. H., Stolberg-Wernigerode, Stolberg-Stolberg B, XXIII, Nr. 73 IV, fol. 17 b.
10 Zitat aus: Thüringisches Staatsarchiv Meiningen, Gemeinschaftlich Hennebergisches Archiv, Sektion VI, Nr. 720, Akte Nr. 6, fol. 49.
11 Thüringisches Staatsarchiv Gotha, Geheimes Archiv, ZZ Xc, Nr. 1, fol. 81.
12 Ebenda, Geheimes Archiv, ZZ IV, Nr. 4, fol. 30 f.
13 Thüringisches Staatsarchiv Meiningen, Hennebergische Sammlung, Nr. 310, fol. 75ff.
14 Zitat aus: Sächsisches Hauptstaatsarchiv Dresden, Locat 8208 (Collectanea von Zauberey-Händeln...1585 ff.), fol. 54.
15 Thüringisches Staatsarchiv Gotha, Geheimes Archiv, ZZ Xc, Nr. 1, fol. 109.
16 Landeshauptarchiv Magdeburg, Außenstelle Wernigerode, Rep. H., Stolberg-Wernigerode, Stolberg-Stolberg B, XXIII, Nr. 73 I, fol. 84 ff.
17 Zitate aus: Thüringisches Hauptstaatsarchiv Weimar, Eisenacher Archiv, Rechtspflege, Nr. 874, fol. 1; Ebenda, Rechtspflege B, Nr. 2621, fol. 33.
18 Staatsarchiv Coburg, LAF 12530, fol. 59.
19 Zitat aus: Forschungs- und Landesbibliothek Gotha, Chart. A 1375, fol. 38.
20 Zitat aus: Thüringisches Hauptstaatsarchiv Weimar, Rechnungen, Nr. 2306, fol. 59.
21 Thüringisches Staatsarchiv Gotha, Amtsgericht Ohrdruf, Locat A., Nr. 4, fol. 43.
22 Kreisarchiv Hildburghausen, Sign.: 228/6788, fol. 78 b.
23 Ebenda.
24 Zitat aus: Thüringisches Hauptstaatsarchiv Weimar, Eisenacher Archiv, Rechtspflege, Nr. 853, fol. 54.
25 Thüringisches Staatsarchiv Gotha, Amtsgericht Ohrdruf, Locat A., Nr. 4, fol. 42 f.
26 Staatsarchiv Coburg, LAF 12570, 2.
27 Stadtarchiv Zella-Mehlis, Nr. 6479.
28 Zitat aus: Thüringisches Staatsarchiv Rudolstadt, Amt Gehren, Nr. 3174, fol. 71 f.
29 Thüringisches Staatsarchiv Meiningen, Gemeinschaftlich Hennebergisches Archiv, Hennebergica aus Gotha, Nr. 1285.

30 Fürstlich Sächsische revidirte und vermehrte Landes-Ordnung des Durchleuchtigen [...] Herrn Ernsten, Hertzogen zu Sachsen [...], Gotha 1653, S. 220 f.

31 Zitat aus: Thüringisches Hauptstaatsarchiv Weimar, Eisenacher Archiv, Rechtspflege, Nr. 880, fol. 7.

32 Oßwald, Paul, Nordhäuser-Kriminal-Akten von 1498 bis 1657, in: Zeitschrift des Harz-Vereins für Geschichte und Altertumskunde, 24. Jg., 1891, S. 151-200; hier: S. 185.

33 Das Zitat entstammt dem Titel der Akte: Thüringisches Staatsarchiv Meiningen, Gemeinschaftlich Hennebergisches Archiv, Herrschaft Stolberg-Schwarza, Nr. 404.

34 Sächsisches Hauptstaatsarchiv Dresden, Locat 8644 (Hennebergische Hexerey und Zauberey betr. 1612), fol. 9 b.

35 Landeshauptarchiv Magdeburg, Außenstelle Wernigerode, Rep. H., Stolberg-Wernigerode, Stolberg-Stolberg B, XXIII, Nr. 73 I, fol. 57 f.

36 Thüringische Staatsarchiv Gotha, Amtsgericht Ohrdruf, Locat A., Nr. 6, fol. 41 bf.

37 Landeshauptarchiv Magdeburg, Außenstelle Wernigerode, Rep. H, Stolberg-Wernigerode, Stolberg-Stolberg B, XXIII, Nr. 73 IV, fol. 35 b.

38 Staatsarchiv Coburg, LAF 12588, fol. 1.

39 Schultes, Johann Adolf von, Sachsen-Coburg-Saalfeldische Landesgeschichte unter der Regierung des Kur- und Fürstlichen Hauses Sachsen, 1. Abtheilung, Coburg 1818, S. 204.

40 Thüringisches Staatsarchiv Gotha, Geheimes Archiv, UU LXVIII, Nr. 4, fol. 4 f.

41 Zitat aus: Sächsisches Hauptstaatsarchiv Dresden, Locat 8644 (Hennebergische Hexerey und Zauberey betr. 1612), fol. 27.

42 Ebenda, fol. 9 b.

Karte

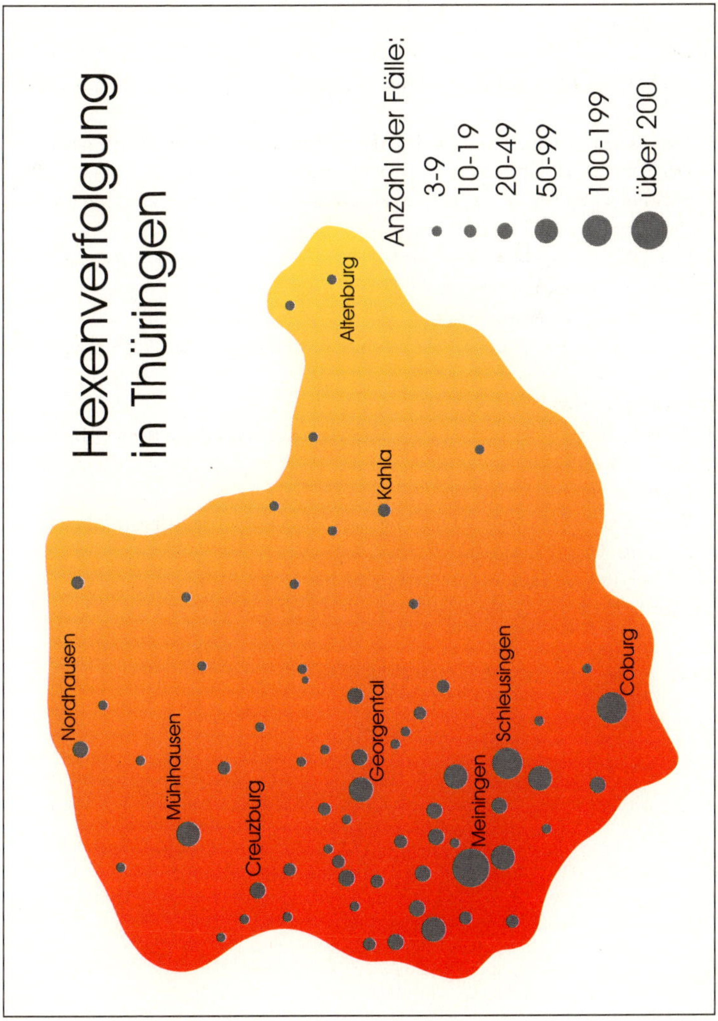
Hexenverfolgung
in Thüringen
Anzahl der Fälle:
3-9
10-19
20-49
50-99
100-199
über 200
Altenburg
Kahla
Nordhausen
Mühlhausen
Creuzburg
Georgental
Meiningen
Schleusingen
Coburg